개역개정

묵상 과 함께하는

# 따라쓰기 성경®

잠언

AGAPE

[주]아가페출판사

개역개정

묵상 과 함께하는
# 따라쓰기 성경®

잠언

| 필 사 자 |
| 시 작 한 날 | 년    월    일
| 마 감 한 날 | 년    월    일

AGAPE
[주]아가페출판사

## 「묵상과 함께하는 따라쓰기 성경」의 특징

- 이 책은 잠언 말씀묵상과 필사를 동시에 할 수 있도록 90회분의 따라쓰기 성경으로 구성되었습니다.

- 이 책은 날짜가 특정되지 않아 순차적으로 말씀묵상과 필사가 가능합니다.

- 밑글씨가 있어 성경책 대조 없이 필사 가능합니다.

- 본문이 밑글씨로 인쇄되어, 필사 시간이 단축됩니다.

- 필사 시 오자, 탈자의 염려가 없습니다.

### '말씀묵상'은

말씀과 기도를 통해 날마다 하나님의 음성에 귀 기울이고 그 음성을 따라 살아가고자 하는 그리스도인을 위한 경건의 시간입니다. '말씀묵상'은 하루 중 가장 귀중한 시간에 아무도 방해하지 않는 곳에서 해야 합니다. 그리고 깨달은 말씀을 주야로 묵상하는 것입니다.

■ 본문 앞에 위치한 개요(잠언을 묵상하기 전에)를 읽고 시작하면 말씀묵상에 도움이 됩니다.

오늘 묵상하고 필사할
일일 본문입니다.

묵상하고
필사한
날짜를
기록합니다.

**잠언 1:1-7**　　　지식의 근본인 여호와를 경외함　　　년　월　일

**본문 요약** ｜ 솔로몬이 잠언을 기록한 목적을 설명한다. 그것은 지혜와 명철의 말씀을 주어서 의롭고 바른 삶을 살게 하기 위함이다. 본서가 다양한 내용과 형식으로 쓰인 것은 지혜 있는 자나 어리석은 자 모두에게 유익을 주기 위함이다. 그러나 분명한 것은 하나님을 경외하는 자만이 지혜와 영적 지식을 소유할 수 있다.

'본문 요약'을 읽고
전체 흐름을
파악합니다.

1　다윗의 아들 이스라엘 왕 솔로몬의 잠언이라

2　이는 지혜와 훈계를 알게 하며 명철의 말씀을 깨닫게 하며

3　지혜롭게, 공의롭게, 정의롭게, 정직하게 행할 일에 대하여 훈계를 받
　　게 하며

밑글씨를 따라
성경 말씀을
필사하면 됩니다

4　어리석은 자를 슬기롭게 하며 젊은 자에게 지식과 근신함을 주기 위
　　한 것이니

절 숫자 수록

5　지혜 있는 자는 듣고 학식이 더할 것이요 명철한 자는 지략을 얻을 것
　　이라

6　잠언과 비유와 지혜 있는 자의 말과 그 오묘한 말을 깨달으리라

7　여호와를 경외하는 것이 지식의 근본이거늘 미련한 자는 지혜와 훈계
　　를 멸시하느니라

말씀을 필사하고
묵상한 내용을
삶 속에 구체적으로
적용해 봅니다.

◈ 적용 및 기도 ◈

묵상을 도와주는
에세이를 통해
오늘 묵상한 내용을
정리합니다.

**오늘의 묵상**　성도는 눈에 보이지 않는 세계가 있다는 것을 믿는 사람이다. 신앙이 없는 사람은 보이지 않는 세계를 인정하지 않거나, 혹 인정한다 하더라도 제대로 알지 못한다. 왜냐하면 영적 세계를 바르게 이해하는 것은 믿음 없이 불가능하기 때문이다. 그러므로 '여호와를 경외하는 것이 지식의 근본'이라는 말씀은, 하나님과 바른 관계를 맺지 않은 사람은 절대로 바른 영적 지식을 가질 수 없다는 말이다. 즉, 하나님이 계신 보이지 않는 영적 세계를 모르는 사람은 지식이 없는 것과 같다. 영적 세계에 대한 지식이 있어야만 그로부터 그 지식을 목적에 맞게 적용할 수 있는 지혜가 생겨나기 때문에 믿음이 없는 자는 지혜 또한 없는 자다.

| ■ 1-30 | | ■ 31-60 | | ■ 61-90 | |
|---|---|---|---|---|---|
| 1 잠언 1:1–7 | ☐ | 31 잠언 12:20–28 | ☐ | 61 잠언 22:1–8 | ☐ |
| 2 잠언 1:8–19 | ☐ | 32 잠언 13:1–8 | ☐ | 62 잠언 22:9–16 | ☐ |
| 3 잠언 1:20–33 | ☐ | 33 잠언 13:9–17 | ☐ | 63 잠언 22:17–29 | ☐ |
| 4 잠언 2:1–8 | ☐ | 34 잠언 13:18–25 | ☐ | 64 잠언 23:1–11 | ☐ |
| 5 잠언 2:9–22 | ☐ | 35 잠언 14:1–9 | ☐ | 65 잠언 23:12–23 | ☐ |
| 6 잠언 3:1–12 | ☐ | 36 잠언 14:10–18 | ☐ | 66 잠언 23:24–35 | ☐ |
| 7 잠언 3:13–20 | ☐ | 37 잠언 14:19–27 | ☐ | 67 잠언 24:1–12 | ☐ |
| 8 잠언 3:21–35 | ☐ | 38 잠언 14:28–35 | ☐ | 68 잠언 24:13–22 | ☐ |
| 9 잠언 4:1–9 | ☐ | 39 잠언 15:1–8 | ☐ | 69 잠언 24:23–34 | ☐ |
| 10 잠언 4:10–27 | ☐ | 40 잠언 15:9–16 | ☐ | 70 잠언 25:1–10 | ☐ |
| 11 잠언 5:1–14 | ☐ | 41 잠언 15:17–24 | ☐ | 71 잠언 25:11–19 | ☐ |
| 12 잠언 5:15–23 | ☐ | 42 잠언 15:25–33 | ☐ | 72 잠언 25:20–28 | ☐ |
| 13 잠언 6:1–11 | ☐ | 43 잠언 16:1–11 | ☐ | 73 잠언 26:1–9 | ☐ |
| 14 잠언 6:12–19 | ☐ | 44 잠언 16:12–22 | ☐ | 74 잠언 26:10–19 | ☐ |
| 15 잠언 6:20–35 | ☐ | 45 잠언 16:23–33 | ☐ | 75 잠언 26:20–28 | ☐ |
| 16 잠언 7:1–12 | ☐ | 46 잠언 17:1–9 | ☐ | 76 잠언 27:1–9 | ☐ |
| 17 잠언 7:13–27 | ☐ | 47 잠언 17:10–18 | ☐ | 77 잠언 27:10–18 | ☐ |
| 18 잠언 8:1–11 | ☐ | 48 잠언 17:19–28 | ☐ | 78 잠언 27:19–27 | ☐ |
| 19 잠언 8:12–21 | ☐ | 49 잠언 18:1–8 | ☐ | 79 잠언 28:1–9 | ☐ |
| 20 잠언 8:22–36 | ☐ | 50 잠언 18:9–16 | ☐ | 80 잠언 28:10–18 | ☐ |
| 21 잠언 9:1–9 | ☐ | 51 잠언 18:17–24 | ☐ | 81 잠언 28:19–28 | ☐ |
| 22 잠언 9:10–18 | ☐ | 52 잠언 19:1–9 | ☐ | 82 잠언 29:1–9 | ☐ |
| 23 잠언 10:1–11 | ☐ | 53 잠언 19:10–19 | ☐ | 83 잠언 29:10–18 | ☐ |
| 24 잠언 10:12–21 | ☐ | 54 잠언 19:20–29 | ☐ | 84 잠언 29:19–27 | ☐ |
| 25 잠언 10:22–32 | ☐ | 55 잠언 20:1–10 | ☐ | 85 잠언 30:1–10 | ☐ |
| 26 잠언 11:1–11 | ☐ | 56 잠언 20:11–20 | ☐ | 86 잠언 30:11–20 | ☐ |
| 27 잠언 11:12–21 | ☐ | 57 잠언 20:21–30 | ☐ | 87 잠언 30:21–33 | ☐ |
| 28 잠언 11:22–31 | ☐ | 58 잠언 21:1–10 | ☐ | 88 잠언 31:1–9 | ☐ |
| 29 잠언 12:1–9 | ☐ | 59 잠언 21:11–20 | ☐ | 89 잠언 31:10–20 | ☐ |
| 30 잠언 12:10–19 | ☐ | 60 잠언 21:21–31 | ☐ | 90 잠언 31:21–31 | ☐ |

## 저자 및 기록 시기

잠언은 한 사람의 저작이 아니라, 여러 명의 저자와 편집자에 의해 완성된 책이다. 그중에서도 솔로몬은 많은 부분의 저자다(1:1; 10:1). 그는 삼천 가지가 넘는 글과 천다섯 편에 달하는 노래를 지었는데(왕상 4:32), 그중 일부가 본서로 편집되었다. 또한 본서에는 아굴(30:1-33)과 르무엘(31:1-9)과 무명의 지혜자들의 글(24:23-34)이 포함되어 있다. 솔로몬의 잠언 가운데 일부가 후대의 히스기야 왕 때(B.C. 715-687년) 신하들에 의해서 편집되기도 했는데(25:1), 이때쯤 본서가 지금과 같은 하나의 책으로 완성되었을 것이다.

## 기록 배경과 목적

본서는 그 기록 배경과 목적을 서론(1:1-7)에 명확하게 밝혀 놓았다. 바로 하나님의 백성에게 지혜가 무엇이며, 또한 이 지혜의 근본이 하나님을 경외하는 믿음에서부터 나오는 것임을 가르치려는 것이다. 본서는 인간의 삶의 질과 마지막을 좌우하는 것이 지혜임을 가르친다. 지혜로운 선택을 하는 사람은 생명의 풍성함을 누릴 것이지만, 미련한 선택을 하는 사람은 결국 망할 것임을 경고한다.

또한 본서가 말하는 지혜는 일상생활에서 구체적으로 활용이 가능한 판단력이나 통찰력을 의미한다. 따라서 지혜를 배운 사람은 매일의 삶에서 하나님의 백성으로서 합당하며 의미 있는 선택을 한다. 그러므로 결국에는 풍성한 생명을 누리게 된다.

## 주요 내용

본서의 주요 내용은 크게 다음과 같다. 첫째, 하나님을 경외함으로 얻게 되는 지식과 그것을 잘 활용하여 세상 속에서 살아가게 하는 지혜를 소중히 여기고 추구해야 한다.

둘째, 지혜의 인도를 받아 사는 사람은 악인이나 음녀의 삶 같은 멸망의 길을 피하여 복된 삶을 살 수 있다.

셋째, 다양한 인간관계와 복잡한 상황 속에서도 지혜는 하나님의 뜻대로 삶을 살아갈 수 있도록 돕는다.

넷째, 하나님을 모든 상황에서 인정하고 또한 끝날에 심판이 있다는 것을 기억하며 살아갈 때 선하고 아름다운 인생을 살 수 있다.

다섯째, 영적 시각을 가진 사람은 참된 가치를 가진 영적 지혜를 추구하게 된다. 이런 사람은 하나님의 은혜를 입을 뿐만 아니라 사람들에게서도 높임을 받는 인생을 살게 된다.

## 특징

첫째, 본서는 대조와 생략에 의한 함축적 표현을 자주 사용한다. 이것은 짧은 구절 안에 저자가 말하려는 내용을 담기 위한 문학적 기법으로 시가서에서 흔히 발견할 수 있다. 따라서 짧은 구절을 해석할 때, 대조가 되는 내용을 찾고 생략된 단어들을 유추해 보아야 한다. 예를 들면 "소원을 성취하면 마음에 달아도 미련한 자는 악에서 떠나기를 싫어하느니라"(13:19)는 말씀은 '지혜로운 자는 선을 추구함으로 소원이 성취되어 마음이 즐겁지만, 미련한 자는 악에서 떠나기를 싫어함으로 소원을 이룰 수 없어 마음이 슬프다'라는 의미다.

둘째, 본서에는 인간의 삶에 존재하는 모든 종류의 관계에 대한 지혜로운 조언이 나온다. 부부 관계, 부모자식 관계, 군신 관계, 이웃과의 관계, 친구와의 관계, 원수와의 관계, 미련한 자와의 관계, 음녀와의 관계 등등 다양한 인간관계를 다루고 있다. 그러므로 본서의 지혜로운 가르침을 잘 따르는 사람은 이러한 관계에서 느끼는 어려움과 문제들을 해결하는 데 도움을 얻을 수 있다.

셋째, 본서는 세상의 상황 속에서 드러나는 하나님의 일반 계시를 다루고 있다. 본서의 저자들은 세상을 자세히 관찰한 뒤에 그 가운데 숨어 있는 영적 의미와 지혜를 찾아내어 설명한다. 하나님에 대한 믿음이 없는 사람은 사건과 상황의 배후에 존재하는 영적 세계를 볼 수 없기 때문에 세상적인 원리를 따라간다. 하지만 믿음의 눈으로 세상을 바라보는 자는 그 가운데 숨겨진 영적 비밀과 목적을 깨달아 지혜의 가르침을 따르게 된다.

## 단락 구분

1. 서론: 기록 목적(1:1-7)
2. 지혜에 대한 조언(1:8-9:18)
3. 솔로몬의 잠언(10:1-22:16)
4. 지혜자의 서른 개의 격언(22:17-24:22)
5. 또 다른 지혜자의 격언(24:23-34)
6. 히스기야의 신하들이 편집한 솔로몬의 잠언(25:1-29:27)
7. 아굴의 잠언(30:1-33)
8. 르무엘의 잠언(31:1-9)
9. 현숙한 여인(31:10-31)

마음의 경영은 사람에게 있어도
말의 응답은 여호와께로부터 나오느니라
사람의 행위가 자기 보기에는 모두 깨끗하여도
여호와는 심령을 감찰하시느니라
너의 행사를 여호와께 맡기라
그리하면 네가 경영하는 것이 이루어지리라
_잠언 16:1-3

# 잠언 1:1-7 지식의 근본인 여호와를 경외함

년 월 일

**본문 요약** | 솔로몬이 잠언을 기록한 목적을 설명한다. 그것은 지혜와 명철의 말씀을 주어서 의롭고 바른 삶을 살게 하기 위함이다. 본서가 다양한 내용과 형식으로 쓰인 것은 지혜 있는 자나 어리석은 자 모두에게 유익을 주기 위함이다. 그러나 분명한 것은 하나님을 경외하는 자만이 지혜와 영적 지식을 소유할 수 있다.

1 다윗의 아들 이스라엘 왕 솔로몬의 잠언이라

2 이는 지혜와 훈계를 알게 하며 명철의 말씀을 깨닫게 하며

3 지혜롭게, 공의롭게, 정의롭게, 정직하게 행할 일에 대하여 훈계를 받 게 하며

4 어리석은 자를 슬기롭게 하며 젊은 자에게 지식과 근신함을 주기 위 한 것이니

5 지혜 있는 자는 듣고 학식이 더할 것이요 명철한 자는 지략을 얻을 것 이라

6 잠언과 비유와 지혜 있는 자의 말과 그 오묘한 말을 깨달으리라

7 여호와를 경외하는 것이 지식의 근본이거늘 미련한 자는 지혜와 훈계 를 멸시하느니라

◈ **적용 및 기도** ◈

**오늘의 묵상** 성도는 눈에 보이지 않는 세계가 있다는 것을 믿는 사람이다. 신앙이 없는 사람은 보이지 않는 세계를 인정하지 않거나, 혹 인정한다 하더라도 제대로 알지 못한다. 왜냐하면 영적 세계를 바르게 이해하는 것은 믿음 없이 불가능하기 때문이다. 그러므로 '여호와를 경외하는 것이 지식의 근본'이라는 말씀은, 하나님과 바른 관계를 맺지 않은 사람은 절대로 바른 영적 지식을 가질 수 없다는 말이다. 즉, 하나님이 계신 보이지 않는 영적 세계를 모르는 사람은 지식이 없는 것과 같다. 영적 세계에 대한 지식이 있어야만 그로부터 그 지식을 목적에 맞게 적용할 수 있는 지혜가 생겨나기 때문에 믿음이 없는 자는 지혜 또한 없는 자다.

# 잠언 1:8-19

## 악에 대한 경고

> **본문 요약 |** 부모의 훈계를 잘 듣는 것은 악인의 유혹을 피할 수 있는 길이다. 그러므로 부모의 훈계에 귀를 잘 기울여 악인이 이기적이고 교활한 꾀로 유혹할 때 분별해야 한다. 악인의 길을 피해 지혜로운 길에 서야 한다.

8  내 아들아 네 아비의 훈계를 들으며 네 어미의 법을 떠나지 말라

9  이는 네 머리의 아름다운 관이요 네 목의 금 사슬이니라

10  내 아들아 악한 자가 너를 꾈지라도 따르지 말라

11  그들이 네게 말하기를 우리와 함께 가자 우리가 가만히 엎드렸다가 사람의 피를 흘리자 죄 없는 자를 까닭 없이 숨어 기다리다가

12  스올같이 그들을 산 채로 삼키며 무덤에 내려가는 자들같이 통으로 삼키자

13  우리가 온갖 보화를 얻으며 빼앗은 것으로 우리 집을 채우리니

14  너는 우리와 함께 제비를 뽑고 우리가 함께 전대 하나만 두자 할지라도

15  내 아들아 그들과 함께 길에 다니지 말라 네 발을 금하여 그 길을 밟지 말라

16  대저 그 발은 악으로 달려가며 피를 흘리는 데 빠름이니라

17  새가 보는 데서 그물을 치면 헛일이겠거늘

18  그들이 가만히 엎드림은 자기의 피를 흘릴 뿐이요 숨어 기다림은 자기의 생명을 해할 뿐이니

19  이익을 탐하는 모든 자의 길은 다 이러하여 자기의 생명을 잃게 하느니라

◈ 적용 및 기도 ◈

**오늘의 묵상**   오늘날 그리스도인 부모에게서 찾아보기 쉬운 현상 중 하나는 자녀에게 세상적 가치와 원리를 가르치면서 영적으로도 잘되기를 바란다는 것이다. 그 가장 대표적인 세상의 원리는 '좋은 학교에 들어가서 출세하고 성공하는 것'이다. 그런데 이것은 성경적으로 아주 잘못된 가치관이다. 첫째, 이런 교육은 하나님 없이 살아도 된다는 잘못된 가치관을 심어 주기 때문이다. 둘째, 이런 가르침은 하나님을 인간의 이기적 목적을 위해 이용해도 된다는 기복적인 태도를 심어 주기 때문이다. 셋째, 이러한 가르침은 자녀로 하여금 비교의식을 갖게 하여 잘못된 정체성을 심어 주기 때문이다. 그러므로 부모는 무엇보다 자녀를 하나님 말씀에 따라 양육하는 데 최선을 다해야 한다.

# 잠언 1:20-33 지혜의 간절한 부름

> **본문 요약 ｜** 지혜는 사람들을 향해 간절히 외친다. 지혜가 없고 하나님을 알지 못하는 미련한 자들이 돌이켜 지혜와 생명을 얻도록 권고한다. 그럼에도 불구하고 지혜의 부름을 듣지 않고 거부한 자들에게는 갑자기 재앙이 임할 것이다. 이때에는 이들이 하나님을 찾아도 구원을 얻을 수 없다.

20 지혜가 길거리에서 부르며 광장에서 소리를 높이며 21 시끄러운 길목에서 소리를 지르며 성문 어귀와 성중에서 그 소리를 발하여 이르되 22 너희 어리석은 자들은 어리석음을 좋아하며 거만한 자들은 거만을 기뻐하며 미련한 자들은 지식을 미워하니 어느 때까지 하겠느냐 23 나의 책망을 듣고 돌이키라 보라 내가 나의 영을 너희에게 부어 주며 내 말을 너희에게 보이리라 24 내가 불렀으나 너희가 듣기 싫어하였고 내가 손을 폈으나 돌아보는 자가 없었고 25 도리어 나의 모든 교훈을 멸시하며 나의 책망을 받지 아니하였은즉 26 너희가 재앙을 만날 때에 내가 웃을 것이며 너희에게 두려움이 임할 때에 내가 비웃으리라 27 너희의 두려움이 광풍같이 임하겠고 너희의 재앙이 폭풍같이 이르겠고 너희에게 근심과 슬픔이 임하리니 28 그때에 너희가 나를 부르리라 그래도 내가 대답하지 아니하겠고 부지런히 나를 찾으리라 그래도 나를 만나지 못하리니 29 대저 너희가 지식을 미워하며 여호와 경외하기를 즐거워하지 아니하며 30 나의 교훈을 받지 아니하고 나의 모든 책망을 업신여겼음이니라 31 그러므로 자기 행위의 열매를 먹으며 자기 꾀에 배부르리라 32 어리석은 자의 퇴보는 자기를 죽이며 미련한 자의 안일은 자기를 멸망시키려니와 33 오직 내 말을 듣는 자는 평안히 살며 재앙의 두려움이 없이 안전하리라

◈ **적용 및 기도** ◈

---

> **오늘의 묵상**　하나님의 말씀은 반드시 인간의 죄악과 잘못된 태도를 드러내게 되어 있다. 그러므로 만일 설교를 듣거나 말씀을 묵상하는데도 불구하고 자신의 죄악이나 잘못된 태도를 깨닫지 못한다면 무엇인가 잘못된 것이다. 물론 하나님의 말씀 가운데는 위로와 격려 그리고 소망의 말씀이 많이 있다. 하지만 말씀의 주된 용도는 우리를 교훈하고, 책망하며, 바르게 하고, 의로 교육하는 것이다(딤후 3:16). 우리 영혼의 자기중심성과 죄악이 먼저 다루어지지 않은 채로는 우리에게 아무리 좋은 것이 주어져도 행복할 수 없다. 그렇기 때문에 하나님은 우리에게 참 만족과 행복을 주시기 전에 우리의 죄악을 드러내고 치유하시는 일을 먼저 하신다.

# 지혜가 주는 영적 유익  년 월 일

**본문 요약** ㅣ 하나님의 지혜를 열정과 간절함으로 추구하는 자만이 그것을 얻게 된다. 또한 지혜를 구하는 자는 하나님을 바로 알게 되고 하나님의 보호와 도우심을 얻어 성공하는 인생을 살게 된다.

1 내 아들아 네가 만일 나의 말을 받으며 나의 계명을 네게 간직하며

2 네 귀를 지혜에 기울이며 네 마음을 명철에 두며

3 지식을 불러 구하며 명철을 얻으려고 소리를 높이며

4 은을 구하는 것같이 그것을 구하며 감추어진 보배를 찾는 것같이 그것을 찾으면

5 여호와 경외하기를 깨달으며 하나님을 알게 되리니

6 대저 여호와는 지혜를 주시며 지식과 명철을 그 입에서 내심이며

7 그는 정직한 자를 위하여 완전한 지혜를 예비하시며 행실이 온전한 자에게 방패가 되시나니

8 대저 그는 정의의 길을 보호하시며 그의 성도들의 길을 보전하려 하심이니라

---

◈ **적용 및 기도** ◈

---

**오늘의 묵상**  하나님의 지혜를 추구하는 사람은 영적 유익을 누리게 마련이다. 그 첫 번째 유익은 하나님이 누구신지 알고 그분과 깊은 관계를 맺게 되는 것이다. 하나님은 거룩하시며 영광스럽고 지혜와 능력이 충만하신 분이다. 두 번째는 하나님의 뜻을 분별하여 그 뜻에 따라 정직하고 온전한 삶을 살아갈 수 있게 된다. 하나님을 알게 된다는 것은 하나님의 뜻과 목적과 방법과 기준을 배우게 됨을 뜻한다. 세 번째는 하나님의 도우심과 보호하심을 경험하게 된다. 하나님은 자신이 계시한 길이 바른길임을 보이시기 위해서 당신의 뜻을 따라 살아가는 자를 도우시고 보호하신다. 하나님의 뜻을 따라 살아가는 자에게는 하나님의 영원한 축복과 약속이 기다리고 있음을 잊지 말자.

# 잠언 2:9-22　　악한 자와 음녀를 피하게 하는 지혜

> **본문 요약 |** 하나님의 지혜를 배운 자는 그 지혜와 지식이 마음과 영혼에 들어가 하나님의 성품과 선이 무엇인지 알게 된다. 이런 사람은 바른 분별력을 갖게 되어 악한 자와 음녀의 유혹을 피할 수 있다.

9　그런즉 네가 공의와 정의와 정직 곧 모든 선한 길을 깨달을 것이라

10　곧 지혜가 네 마음에 들어가며 지식이 네 영혼을 즐겁게 할 것이요

11　근신이 너를 지키며 명철이 너를 보호하여

12　악한 자의 길과 패역을 말하는 자에게서 건져내리라

13　이 무리는 정직한 길을 떠나 어두운 길로 행하며

14　행악하기를 기뻐하며 악인의 패역을 즐거워하나니

15　그 길은 구부러지고 그 행위는 패역하니라

16　지혜가 또 너를 음녀에게서 말로 호리는 이방 계집에게서 구원하리니

17　그는 젊은 시절의 짝을 버리며 그의 하나님의 언약을 잊어버린 자라

18　그의 집은 사망으로, 그의 길은 스올로 기울어졌나니

19　누구든지 그에게로 가는 자는 돌아오지 못하며 또 생명길을 얻지 못하느니라

20　지혜가 너를 선한 자의 길로 행하게 하며 또 의인의 길을 지키게 하리니

21　대저 정직한 자는 땅에 거하며 완전한 자는 땅에 남아 있으리라

22　그러나 악인은 땅에서 끊어지겠고 간사한 자는 땅에서 뽑히리라

---

◈ 적용 및 기도 ◈

---

**오늘의 묵상**　대부분의 사람들은 결혼이나 진로와 같은 큰일의 결정이 인생을 좌우한다고 생각한다. 하지만 우리의 인생은 일상에서 반복되는 수많은 작은 결정들의 종합으로 이루어진다. 따라서 누구와 결혼하는가와 같은 크고 중요한 결정이 결혼의 행복을 좌우하지 않는다. 오히려 매일의 삶에서 무엇을 말하고 들으며 어떤 태도를 취하는가 하는 작은 결정들이 결혼생활의 행복을 좌우한다. 따라서 성도는 크고 중요한 문제가 생길 때에만 하나님의 뜻을 구하는 것에 관심을 기울여서는 안 된다. 오히려 성도의 관심은 일상의 작은 일들을 어떻게 하나님의 뜻에 따라 결정하고 올바르게 반응할 수 있는가가 되어야 한다.

# 잠언 3:1-12    사랑하시는 자에게 주어지는 징계    년   월   일

**본문 요약** ㅣ 자녀가 아버지의 교훈을 잘 간직하면 풍요로운 삶을 살게 된다. 하나님의 성품을 배우고 기억하는 사람은 모든 관계에서의 복을 누리게 된다. 그러나 하나님의 백성들이 하나님을 의지하지 않고 공경하지 않으면 징계와 꾸지람도 받게 됨을 기억해야 한다.

1  내 아들아 나의 법을 잊어버리지 말고 네 마음으로 나의 명령을 지키라

2  그리하면 그것이 네가 장수하여 많은 해를 누리게 하며 평강을 더하게 하리라

3  인자와 진리가 네게서 떠나지 말게 하고 그것을 네 목에 매며 네 마음판에 새기라

4  그리하면 네가 하나님과 사람 앞에서 은총과 귀중히 여김을 받으리라

5  너는 마음을 다하여 여호와를 신뢰하고 네 명철을 의지하지 말라

6  너는 범사에 그를 인정하라 그리하면 네 길을 지도하시리라

7  스스로 지혜롭게 여기지 말지어다 여호와를 경외하며 악을 떠날지어다

8  이것이 네 몸에 양약이 되어 네 골수를 윤택하게 하리라

9  네 재물과 네 소산물의 처음 익은 열매로 여호와를 공경하라

10  그리하면 네 창고가 가득히 차고 네 포도즙 틀에 새 포도즙이 넘치리라

11  내 아들아 여호와의 징계를 경히 여기지 말라 그 꾸지람을 싫어하지 말라

12  대저 여호와께서 그 사랑하시는 자를 징계하시기를 마치 아비가 그 기뻐하는 아들을 징계함같이 하시느니라

---

◈ **적용 및 기도** ◈

**오늘의 묵상**    하나님은 그의 택한 백성들에게 하나님의 모든 복을 주길 원하신다. 하지만 그 복을 누리는 데는 전제 조건이 있다. 바로 하나님만을 의뢰하고 늘 그분만을 온전히 섬기는 것이다. 이런 마음이 없는 사람이 재물이나 지위, 성공과 건강 등을 얻게 되면 하나님을 금방 버리게 된다. 그렇기 때문에 하나님의 백성은 이런 것들이 없어도 하나님만을 의지하고 중요하게 여기는가 하는 시험을 인생에서 계속해서 겪게 된다. 그리고 이런 시험에 통과하지 못한 자는 반복적인 징계와 책망의 과정을 지나가게 된다. 바로 이것이 성경이 말하는 연단이며 고난이다. 성도는 인생 가운데 찾아오는 징계와 연단이 우리를 하나님의 복을 누리는 자로 만들기 위한 축복의 준비 과정임을 늘 명심해야 한다.

# 잠언 3:13-20

## 지혜를 열망해야 하는 이유

**본문 요약** ㅣ 지혜는 세상의 금은보화보다 귀중한 것이다. 지혜를 추구하는 자는 장수와 부귀를 얻게 될 뿐만 아니라, 그것을 추구하는 과정에서도 즐거움과 평강을 얻게 된다. 또한 지혜는 그것을 취하는 자의 생명을 구원하는 역할을 하며, 하나님의 창조 질서를 이해할 수 있게 해 준다.

13 지혜를 얻은 자와 명철을 얻은 자는 복이 있나니

14 이는 지혜를 얻는 것이 은을 얻는 것보다 낫고 그 이익이 정금보다 나음이니라

15 지혜는 진주보다 귀하니 네가 사모하는 모든 것으로도 이에 비교할 수 없도다

16 그의 오른손에는 장수가 있고 그의 왼손에는 부귀가 있나니

17 그 길은 즐거운 길이요 그의 지름길은 다 평강이니라

18 지혜는 그 얻은 자에게 생명나무라 지혜를 가진 자는 복되도다

19 여호와께서는 지혜로 땅에 터를 놓으셨으며 명철로 하늘을 견고히 세우셨고

20 그의 지식으로 깊은 바다를 갈라지게 하셨으며 공중에서 이슬이 내리게 하셨느니라

◈ **적용 및 기도** ◈

**오늘의 묵상**    오늘 본문은 지혜를 추구하는 자가 다양한 유익을 누리게 됨을 보여준다. 그 유익은 다음과 같다. 첫째, 이 땅에서의 삶을 좀 더 풍요롭게 살 수 있다. 그것은 하나님의 지혜를 추구하면 악한 길이 아닌 선하고 의로운 길을 선택할 수 있기 때문이다. 둘째, 지혜는 사람을 온전케 하여 영원한 생명에 이르게 해 준다. 지혜를 가진 자는 자신뿐 아니라 타인을 치유하고 회복하는 일에 도움이 된다. 셋째, 지혜는 하나님의 창조 목적에 합당하게 살 수 있도록 해 준다. 눈에 보이는 것이나 보이지 않는 것이나 전부 하나님이 지혜로 창조하신 것이다. 그렇기 때문에 그 지혜를 가진 자는 세상 가운데 하나님의 창조의 목적을 따라 살 수 있으며, 그것은 동시에 피조물인 우리가 해야 할 일이다.

# 잠언 3:21-35  이웃과 온전한 관계를 맺게 하는 지혜

**본문 요약 |** 지혜로운 자는 실패를 피하고 두려움 없는 안식을 누리게 된다. 그는 하나님을 의지하기 때문에 심판이나 멸망을 두려워하지 않아도 된다. 또한 지혜로운 자는 이웃과의 관계도 잘 맺을 수 있다. 지혜로 말미암아 이웃의 필요를 적절히 분별해 적극적으로 도울 수 있고, 아무 까닭 없이 관계가 깨지는 일을 막을 수 있기 때문이다.

21 내 아들아 완전한 지혜와 근신을 지키고 이것들이 네 눈앞에서 떠나지 말게 하라 22 그리하면 그것이 네 영혼의 생명이 되며 네 목에 장식이 되리니 23 네가 네 길을 평안히 행하겠고 네 발이 거치지 아니하겠으며 24 네가 누울 때에 두려워하지 아니하겠고 네가 누운즉 네 잠이 달리로다 25 너는 갑작스러운 두려움도 악인에게 닥치는 멸망도 두려워하지 말라 26 대저 여호와는 네가 의지할 이시니라 네 발을 지켜 걸리지 않게 하시리라 27 네 손이 선을 베풀 힘이 있거든 마땅히 받을 자에게 베풀기를 아끼지 말며 28 네게 있거든 이웃에게 이르기를 갔다가 다시 오라 내일 주겠노라 하지 말며 29 네 이웃이 네 곁에서 평안히 살거든 그를 해하려고 꾀하지 말며 30 사람이 네게 악을 행하지 아니하였거든 까닭 없이 더불어 다투지 말며 31 포학한 자를 부러워하지 말며 그의 어떤 행위도 따르지 말라 32 대저 패역한 자는 여호와께서 미워하시나 정직한 자에게는 그의 교통하심이 있으며 33 악인의 집에는 여호와의 저주가 있거니와 의인의 집에는 복이 있느니라 34 진실로 그는 거만한 자를 비웃으시며 겸손한 자에게 은혜를 베푸시나니 35 지혜로운 자는 영광을 기업으로 받거니와 미련한 자의 영달함은 수치가 되느니라

◈ 적용 및 기도 ◈

**오늘의 묵상**    타인과의 관계처럼 일상에서 어렵고 문제가 많이 생기는 영역은 없다. 그래서 타인과 불편한 관계가 생길 때 무엇보다 지혜의 도움이 필요하다. 지혜의 도움으로 우리가 선한 이웃이 될 때 타인과의 어려움은 해결되고, 오히려 관계를 통한 기쁨을 맛볼 수 있기 때문이다. 그렇다면 지혜로운 이웃이란 어떤 사람일까? 첫째, 지혜로운 이웃은 선을 행하는 사람으로 타인에게 적절한 도움을 베풀 수 있는 사람이다. 둘째, 지혜로운 이웃은 타인과 문제가 생길 수 있는 내적 갈등의 원인이 없는 사람이다. 셋째, 지혜로운 이웃은 하나님 중심적으로 관계를 맺는 사람이다. 지혜로운 이웃은 적극성과 분별력과 절제와 즉각적인 반응으로 타인을 돕는 사람이다.

# 잠언 4:1-9 　　자녀들에게 전수되어야 하는 지혜 　　년　월　일

**본문 요약 |** 아버지의 선한 훈계를 듣고 순종하며 어머니의 온순한 사랑을 받은 아이는 지혜로운 어른으로 성장할 수 있다. 지혜를 제일의 가치로 여기고 그것을 추구하는 자는 지혜의 보호를 받고 영광을 얻게 될 것이다.

1 아들들아 아비의 훈계를 들으며 명철을 얻기에 주의하라

2 내가 선한 도리를 너희에게 전하노니 내 법을 떠나지 말라

3 나도 내 아버지에게 아들이었으며 내 어머니 보기에 유약한 외아들이었 노라

4 아버지가 내게 가르쳐 이르기를 내 말을 네 마음에 두라 내 명령을 지 키라 그리하면 살리라

5 지혜를 얻으며 명철을 얻으라 내 입의 말을 잊지 말며 어기지 말라

6 지혜를 버리지 말라 그가 너를 보호하리라 그를 사랑하라 그가 너를 지키리라

7 지혜가 제일이니 지혜를 얻으라 네가 얻은 모든 것을 가지고 명철을 얻을지니라

8 그를 높이라 그리하면 그가 너를 높이 들리라 만일 그를 품으면 그가 너를 영화롭게 하리라

9 그가 아름다운 관을 네 머리에 두겠고 영화로운 면류관을 네게 주리 라 하셨느니라

---

◈ 적용 및 기도 ◈

---

**오늘의 묵상** 　자녀 교육에 대한 열심은 한국 부모들이 최고라고 해도 과언이 아닐 것이다. 그러나 자녀 교육에 있어 가장 중요한 것은 자녀들을 공부 잘하는 사람이 아니라 지혜로운 사람으로 키우는 것이다. 그렇다면 어떻게 자녀들을 지혜로운 사람으로 양육할 수 있을까? 첫째, 주님의 교훈(훈계)으로 자녀들을 양육해야 한다. 둘째, 무조건적인 사랑으로 자녀들을 양육해야 한다. 셋째, 성경적 가치관으로 자녀들을 양육해야 한다. 부모들은 자녀들이 하나님의 말씀을 삶의 최고의 가치로 삼아 그 지혜를 배우고 모든 일에 하나님의 뜻대로 살아가도록 그들을 지도하고 양육해야 한다.

# 잠언 4:10-27    멸망하는 악인의 길과 생명을 얻는 의인의 길    년  월  일

**본문 요약 |** 아들은 아버지의 훈계를 따를 때 정직한 길을 걷게 되며 생명을 얻게 된다. 악인은 멸망을 당하게 될 것이지만, 의인은 점점 영광스러운 삶을 살게 될 것이다. 그러므로 눈과 귀를 기울여 생명을 주는 훈계에 집중해야 한다. 또한 이렇게 마음에 생명을 얻은 자는 이 마음을 지키기 위해 애써야 한다.

10 내 아들아 들으라 내 말을 받으라 그리하면 네 생명의 해가 길리라
11 내가 지혜로운 길을 네게 가르쳤으며 정직한 길로 너를 인도하였은즉
12 다닐 때에 네 걸음이 곤고하지 아니하겠고 달려갈 때에 실족하지 아니하리라 13 훈계를 굳게 잡아 놓치지 말고 지키라 이것이 네 생명이니라
14 사악한 자의 길에 들어가지 말며 악인의 길로 다니지 말지어다 15 그의 길을 피하고 지나가지 말며 돌이켜 떠나갈지어다 16 그들은 악을 행하지 못하면 자지 못하며 사람을 넘어뜨리지 못하면 잠이 오지 아니하며 17 불의의 떡을 먹으며 강포의 술을 마심이니라 18 의인의 길은 돋는 햇살 같아서 크게 빛나 한낮의 광명에 이르거니와 19 악인의 길은 어둠 같아서 그가 걸려 넘어져도 그것이 무엇인지 깨닫지 못하느니라 20 내 아들아 내 말에 주의하며 내가 말하는 것에 네 귀를 기울이라 21 그것을 네 눈에서 떠나게 하지 말며 네 마음속에 지키라 22 그것은 얻는 자에게 생명이 되며 그의 온 육체의 건강이 됨이니라 23 모든 지킬 만한 것 중에 더욱 네 마음을 지키라 생명의 근원이 이에서 남이니라 24 구부러진 말을 네 입에서 버리며 비뚤어진 말을 네 입술에서 멀리하라 25 네 눈은 바로 보며 네 눈꺼풀은 네 앞을 곧게 살피며 26 네 발이 행할 길을 평탄하게 하며 네 모든 길을 든든히 하라 27 좌로나 우로나 치우치지 말고 네 발을 악에서 떠나게 하라

◈ 적용 및 기도 ◈

**오늘의 묵상**    성도는 자신의 눈과 귀를 하나님의 말씀에 좀 더 집중해야 한다. 왜냐하면 하나님의 말씀을 보고 들음으로써 영적 생명을 얻게 되기 때문이다. 그러나 오늘날 많은 성도들이 말씀보다는 TV나 인터넷과 같은 멀티미디어에 눈과 귀를 집중하고 있다. 많은 사람들이 아침에 일어나면서부터 TV를 켜고 인터넷을 찾아다니며 자신의 구미에 맞는 오락으로 시간을 낭비한다. 이처럼 사람들은 쾌락과 만족을 추구하다가 결국 세상 영의 노예가 되어 버린다. 이렇게 생명의 통로를 세상에 내어 준 채로 교회에 나와 잠깐 듣는 말씀이 절대로 생명과 은혜가 될 수 없다. 눈과 귀를 어떻게 사용하느냐가 한 사람의 영적 생명을 좌우하게 된다는 사실을 기억하고 절제하며 멀티미디어로부터 자신을 지켜 나가자.

# 잠언 5:1-14    음녀의 유혹을 피하라는 훈계    년  월  일

**본문 요약 |** 본문은 지혜의 훈계를 명심하지 않고 음녀의 유혹에 넘어갈 때 나타날 결과들에 대해 자세히 설명한다. 음녀는 처음에는 꿀처럼 달콤하게 유혹하지만 결국 죽음으로 인도한다. 음녀의 유혹에 빠지면 존영(명예), 수한(목숨), 재물, 건강을 다 잃어버리고 한탄하게 될 것이다. 또한 많은 사람들 앞에서 수치를 당하게 될 것이다. 그러므로 무엇보다 지혜로운 분별력이 필요하다.

1 내 아들아 내 지혜에 주의하며 내 명철에 네 귀를 기울여서 2 근신을 지키며 네 입술로 지식을 지키도록 하라 3 대저 음녀의 입술은 꿀을 떨어뜨리며 그의 입은 기름보다 미끄러우나 4 나중은 쑥같이 쓰고 두 날 가진 칼같이 날카로우며 5 그의 발은 사지로 내려가며 그의 걸음은 스올로 나아가나니 6 그는 생명의 평탄한 길을 찾지 못하며 자기 길이 든든하지 못하여도 그것을 깨닫지 못하느니라 7 그런즉 아들들아 나에게 들으며 내 입의 말을 버리지 말고 8 네 길을 그에게서 멀리하라 그의 집 문에도 가까이 가지 말라 9 두렵건대 네 존영이 남에게 잃어버리게 되며 네 수한이 잔인한 자에게 빼앗기게 될까 하노라 10 두렵건대 타인이 네 재물로 충족하게 되며 네 수고한 것이 외인의 집에 있게 될까 하노라 11 두렵건대 마지막에 이르러 네 몸, 네 육체가 쇠약할 때에 네가 한탄하여 12 말하기를 내가 어찌하여 훈계를 싫어하며 내 마음이 꾸지람을 가벼이 여기고 13 내 선생의 목소리를 청종하지 아니하며 나를 가르치는 이에게 귀를 기울이지 아니하였던고 14 많은 무리들이 모인 중에서 큰 악에 빠지게 되었노라 하게 될까 염려하노라

◈ 적용 및 기도 ◈

**오늘의 묵상**   시대를 막론하고 성도들은 끊임없는 사탄적인 유혹 가운데 노출되어 있다. 오늘날 성도들이 흔히 유혹을 받는 악한 영향력에는 무엇이 있을까? 첫째, 세상과 교회에서의 삶을 분리하는 종교적 이원론을 들 수 있다. 이는 세상에서는 세상적인 가치와 방법을 따라서 살아가고, 교회에서만 종교적인 삶을 추구하도록 하는 것이다. 둘째, 하나님을 물질과 성공의 도구로 추구하는 세속주의적 태도다. 이는 성도들이 하나님의 방법을 따르지 않고 세상의 가치관과 방법만을 추구하도록 만드는 가장 중요한 원인이다. 종교적 이원론과 세속주의적인 태도는 지금도 알게 모르게 성도들에게 깊이 영향을 미치고 있다. 그러므로 사탄의 교묘한 속임수를 잘 분별하지 못하면 영적으로 죽은 자와 같은 삶을 살게 된다는 것을 명심해야 한다.

# 잠언 5:15-23　결혼 관계 안에서만 누려야 하는 친밀감과 만족

**본문 요약 ㅣ** 성적 만족과 즐거움은 결혼 관계 안에서만 누려져야 한다. 아내와만 성적 친밀감을 나누어 하나님의 복을 누리도록 해야 한다. 이것이 하나님의 지혜. 음녀의 유혹에 넘어가 결혼을 깨트리는 미련한 자는 결국 하나님 앞에서 심판을 당하게 된다.

15 너는 네 우물에서 물을 마시며 네 샘에서 흐르는 물을 마시라

16 어찌하여 네 샘물을 집 밖으로 넘치게 하며 네 도랑물을 거리로 흘러가게 하겠느냐

17 그 물이 네게만 있게 하고 타인과 더불어 그것을 나누지 말라

18 네 샘으로 복되게 하라 네가 젊어서 취한 아내를 즐거워하라

19 그는 사랑스러운 암사슴 같고 아름다운 암노루 같으니 너는 그의 품을 항상 족하게 여기며 그의 사랑을 항상 연모하라

20 내 아들아 어찌하여 음녀를 연모하겠으며 어찌하여 이방 계집의 가슴을 안겠느냐

21 대저 사람의 길은 여호와의 눈앞에 있나니 그가 그 사람의 모든 길을 평탄하게 하시느니라

22 악인은 자기의 악에 걸리며 그 죄의 줄에 매이나니

23 그는 훈계를 받지 아니함으로 말미암아 죽겠고 심히 미련함으로 말미암아 혼미하게 되느니라

◈ 적용 및 기도 ◈

**오늘의 묵상**　영적 친밀감은 하나님의 은혜를 더 깊이 누리기 위한 영적 훈련에 함께 참여함으로 얻을 수 있다. 즉, 서로의 영적 성장을 위해 기도하고 말씀을 나누며 예배하고 섬기는 일을 공유하는 과정에서 서로의 영혼을 더 깊이 이해하고 사랑하게 되는 것이다. 물론 부부가 영적 상태와 마음을 나누고 기도하는 시간을 정기적으로 갖는 것은 쉽지 않다. 이것은 개인적인 영적 훈련보다 더 어려운데, 교회의 예배와 활동에만 큰 비중을 두기 때문이기도 하고 바쁘기 때문이기도 하다. 그리고 무엇보다 부부가 서로의 약점과 단점을 너무 잘 알고 있기 때문이다. 어려움에도 불구하고 영적 친밀감을 발전시키기 위해 애쓰는 부부만이 영적 연합의 기쁨을 누릴 수 있다.

**본문 요약 |** 다른 사람을 위해 보증을 선 사람은 위험한 덫에 걸린 것과 같다. 따라서 겸손하고 간절하게 간구해서 그 보증에서 벗어나도록 노력해야 한다. 게으른 자는 개미에게 배워야 한다. 개미는 이끄는 자가 없어도 스스로 부지런히 일하며 미래를 준비한다. 작은 만족을 얻으려고 게으름을 피우면 결국 큰 파멸에 이르게 될 것이다.

1 내 아들아 네가 만일 이웃을 위하여 담보하며 타인을 위하여 보증하 였으면

2 네 입의 말로 네가 얽혔으며 네 입의 말로 인하여 잡히게 되었느니라

3 내 아들아 네가 네 이웃의 손에 빠졌은즉 이같이 하라 너는 곧 가서 겸손히 네 이웃에게 간구하여 스스로 구원하되

4 네 눈을 잠들게 하지 말며 눈꺼풀을 감기게 하지 말고

5 노루가 사냥꾼의 손에서 벗어나는 것같이 새가 그물 치는 자의 손에 서 벗어나는 것같이 스스로 구원하라

6 게으른 자여 개미에게 가서 그가 하는 것을 보고 지혜를 얻으라

7 개미는 두령도 없고 감독자도 없고 통치자도 없으되

8 먹을 것을 여름 동안에 예비하며 추수 때에 양식을 모으느니라

9 게으른 자여 네가 어느 때까지 누워 있겠느냐 네가 어느 때에 잠이 깨어 일어나겠느냐

10 좀 더 자자, 좀 더 졸자, 손을 모으고 좀 더 누워 있자 하면

11 네 빈궁이 강도같이 오며 네 곤핍이 군사같이 이르리라

◈ 적용 및 기도 ◈

**오늘의 묵상**    잠언이 말하는 게으름은 단순히 일을 열심히 하지 않고 잠자고 노는 것만을 의미하지 않는다. 미래적 상황과 결과에 관심을 두지 않고 당장 눈앞에 보이는 일과 작은 만족만을 추구하는 모든 것이 바로 게으름이다. 게으름을 벗어나기 위해서는 먼저 우리의 인생이 이 땅을 위한 것만이 아님을 받아들여야 한다. 그리고 영원한 삶과 미래를 위해서 현재를 끊임없이 그 목적에 맞추어 나가야 한다. 이런 영적 시각이 없는 사람은 아무리 열심히 살아도 하나님의 칭찬을 받을 수 없다. 이 땅의 인생은 영원한 삶을 준비하기 위해 주어진 것이다. 따라서 성도는 이 땅에서 예수님을 닮기 위한 일에 부지런과 열심을 내야 한다.

**본문 요약 |** 불량하고 악한 자는 타인과의 관계를 깨트리고, 온몸을 악을 행하는 도구로 사용한다. 하지만 이런 사람은 하나님의 심판을 받아 멸망당할 것이다. 하나님은 마음의 악을 행동으로 옮겨 타인을 해하는 자들과 이웃과의 관계를 깨트리는 자들을 매우 싫어하신다.

12 불량하고 악한 자는 구부러진 말을 하고 다니며

13 눈짓을 하며 발로 뜻을 보이며 손가락질을 하며

14 그의 마음에 패역을 품으며 항상 악을 꾀하여 다툼을 일으키는 자라

15 그러므로 그의 재앙이 갑자기 내려 당장에 멸망하여 살릴 길이 없으리라

16 여호와께서 미워하시는 것 곧 그의 마음에 싫어하시는 것이 예닐곱 가지이니

17 곧 교만한 눈과 거짓된 혀와 무죄한 자의 피를 흘리는 손과

18 악한 계교를 꾀하는 마음과 빨리 악으로 달려가는 발과

19 거짓을 말하는 망령된 증인과 및 형제 사이를 이간하는 자이니라

◈ 적용 및 기도 ◈

**오늘의 묵상**    교회는 성숙한 사람들만 모여 있는 공동체가 아니다. 영적으로 어린아이와 같은 사람부터 영적으로 성숙한 사람까지 다양한 수준의 사람들이 교회의 일원이 된다. 우리는 미성숙한 사람들의 행위를 용서하고 용납해야 한다. 또한 이런 사람들을 용납하고 사랑하는 정도가 성숙의 정도를 분별하는 척도가 된다. 즉, 교회에서 다른 성도를 판단하고 정죄하는 자는 그 사람이 오히려 하나님의 온전한 기준에 미치지 못하는 미성숙한 자인 것이다. 성도가 이 땅을 살아가는 목적은 행복하기 위해서가 아니라, 다양한 연단과 시험을 통해 거룩하게 바뀌어 가는 것이기 때문이다. 따라서 성도는 악인까지도 사랑하고 그를 위해 기도하는 기회를 통해 자신이 온전한 수준에 이르고 있음을 증명해야 한다.

# 음행이 가져오는 수치와 멸망

**본문 요약 |** 음녀는 아름다움과 추파로 남자를 유혹하지만, 이것에 걸려든 자는 가난과 죽음을 맞이하게 된다. 음행을 행하는 자도 반드시 그것이 가져오는 무서운 결과를 얻게 된다. 여인과 간음하는 자는 영원한 수치를 얻게 될 것이며 영혼까지 망하게 될 것이다.

20 내 아들아 네 아비의 명령을 지키며 네 어미의 법을 떠나지 말고 21 그것을 항상 네 마음에 새기며 네 목에 매라 22 그것이 네가 다닐 때에 너를 인도하며 네가 잘 때에 너를 보호하며 네가 깰 때에 너와 더불어 말하리니 23 대저 명령은 등불이요 법은 빛이요 훈계의 책망은 곧 생명의 길이라 24 이것이 너를 지켜 악한 여인에게, 이방 여인의 혀로 호리는 말에 빠지지 않게 하리라 25 네 마음에 그의 아름다움을 탐하지 말며 그 눈꺼풀에 홀리지 말라 26 음녀로 말미암아 사람이 한 조각 떡만 남게 됨이며 음간한 여인은 귀한 생명을 사냥함이니라 27 사람이 불을 품에 품고서야 어찌 그의 옷이 타지 아니하겠으며 28 사람이 숯불을 밟고서야 어찌 그의 발이 데지 아니하겠느냐 29 남의 아내와 통간하는 자도 이와 같을 것이라 그를 만지는 자마다 벌을 면하지 못하리라 30 도둑이 만일 주릴 때에 배를 채우려고 도둑질하면 사람이 그를 멸시하지는 아니하려니와 31 들키면 칠 배를 갚아야 하리니 심지어 자기 집에 있는 것을 다 내주게 되리라 32 여인과 간음하는 자는 무지한 자라 이것을 행하는 자는 자기의 영혼을 망하게 하며 33 상함과 능욕을 받고 부끄러움을 씻을 수 없게 되나니 34 남편이 투기로 분노하여 원수 갚는 날에 용서하지 아니하고 35 어떤 보상도 받지 아니하며 많은 선물을 줄지라도 듣지 아니하리라

◈ 적용 및 기도 ◈

---

**오늘의 묵상**    하나님이 인간을 남자와 여자로 만드신 것은 특별한 목적이 있기 때문이다. 그 목적은 차이점을 가진 남녀가 서로를 통해 온전하게 성장하는 데 도움을 주고받도록 하기 위함이다. 또 다른 목적은 남녀가 삼위 하나님과 같은 깊은 연합과 친밀감을 경험하도록 하기 위함이다. 특별히 그리스도인 커플이나 부부는 이런 영적 성장과 연합을 배워 나가는 일에 집중해야 한다. 그럴 때 예수님과 그분의 교회가 맺고 있는 희생적이고 헌신적인 사랑의 모습이 서로에게 나타나게 된다. 성경은 이기적 욕망을 위해 상대를 이용하는 것을 사랑이라고 가르치지 않는다. 진정한 사랑은 상대를 위해 섬기고 희생하는 것이다. 그 진정한 사랑과 욕망을 구분할 수 있는 것이 참된 지혜다.

# 음녀의 유혹에서 지켜 주는 지혜

> **본문 요약** ㅣ 음녀의 유혹에 넘어가지 않으려면 아버지의 지혜의 계명을 소중하게 간직하고 강하게 기억해야 한다. 본문은 음녀의 위험성을 경고하기 위해 한 지혜 없는 젊은이가 음녀를 찾아 나선 장면과 그를 유혹하려는 음녀의 모습을 보여주고 있다.

1 내 아들아 내 말을 지키며 내 계명을 간직하라

2 내 계명을 지켜 살며 내 법을 네 눈동자처럼 지키라

3 이것을 네 손가락에 매며 이것을 네 마음판에 새기라

4 지혜에게 너는 내 누이라 하며 명철에게 너는 내 친족이라 하라

5 그리하면 이것이 너를 지켜서 음녀에게, 말로 호리는 이방 여인에게 빠지지 않게 하리라

6 내가 내 집 들창으로, 살창으로 내다보다가

7 어리석은 자 중에, 젊은이 가운데에 한 지혜 없는 자를 보았노라

8 그가 거리를 지나 음녀의 골목 모퉁이로 가까이 하여 그의 집쪽으로 가는데

9 저물 때, 황혼 때, 깊은 밤 흑암 중에라

10 그때에 기생의 옷을 입은 간교한 여인이 그를 맞으니

11 이 여인은 떠들며 완악하며 그의 발이 집에 머물지 아니하여

12 어떤 때에는 거리, 어떤 때에는 광장 또 모퉁이마다 서서 사람을 기다리는 자라

---

◈ 적용 및 기도 ◈

---

**오늘의 묵상**   하나님이 없는 사람들은 언제나 영혼의 공허와 갈망을 성적 쾌락으로 채우려고 애쓴다. 하나님이 가나안에 들어가는 이스라엘 백성들을 향해 가족, 친척, 심지어는 짐승들과의 성관계를 금지하는 율법을 세세히 가르치셔야 했던 이유는, 가나안 사람들이 이미 그런 행위를 아무렇지도 않게 행하고 있었기 때문이다(레 18장). 신약 시대에 교인이 된 사람들도 이런 사회적인 음란한 문화와 가치관에서 벗어나지 못하는 경우가 많았다. 바울은 이렇게 세상을 좇아 음란한 삶을 살아가는 자들을 향해 '불의한 자가 하나님의 나라를 유업으로 받지 못할 줄을 알지 못하느냐'(고전 6:9上)라고 경고했다. 성도는 이 세대를 본받지 말고 변화를 받아 하나님의 뜻을 분별하여 살아가는 자들임을 명심해야 한다(롬 12:2 참조).

# 음녀의 유혹에 걸려든 젊은이

년    월    일

**본문 요약 |** 음녀는 자신이 종교적으로 경건한 사람인 것처럼 위장하여 청년을 유혹한다. 사치와 향락을 추구하는 이 여인은 남편이 일찍 돌아오지 않을 거라고 강조하여 청년을 안심시킨다. 그러나 음녀의 달콤한 속삭임에 넘어간 자는 영적으로 죽음에 이른다. 아버지의 훈계를 따라 죄악이 시작되는 마음을 잘 지키는 자만이 죽음이라는 이런 비참한 결말을 맞지 않는다.

13 그 여인이 그를 붙잡고 그에게 입 맞추며 부끄러움을 모르는 얼굴로 그에게 말하되 14 내가 화목제를 드려 서원한 것을 오늘 갚았노라 15 이러므로 내가 너를 맞으려고 나와 네 얼굴을 찾다가 너를 만났도다 16 내 침상에는 요와 애굽의 무늬 있는 이불을 폈고 17 몰약과 침향과 계피를 뿌렸노라 18 오라 우리가 아침까지 흡족하게 서로 사랑하며 사랑함으로 희락하자 19 남편은 집을 떠나 먼 길을 갔는데 20 은 주머니를 가졌은즉 보름날에나 집에 돌아오리라 하여 21 여러 가지 고운 말로 유혹하며 입술의 호리는 말로 꾀므로 22 젊은이가 곧 그를 따랐으니 소가 도수장으로 가는 것 같고 미련한 자가 벌을 받으려고 쇠사슬에 매이러 가는 것과 같도다 23 필경은 화살이 그 간을 뚫게 되리라 새가 빨리 그물로 들어가되 그의 생명을 잃어버릴 줄을 알지 못함과 같으니라 24 이제 아들들아 내 말을 듣고 내 입의 말에 주의하라 25 네 마음이 음녀의 길로 치우치지 말며 그 길에 미혹되지 말지어다 26 대저 그가 많은 사람을 상하여 엎드러지게 하였나니 그에게 죽은 자가 허다하니라 27 그의 집은 스올의 길이라 사망의 방으로 내려가느니라

◈ 적용 및 기도 ◈

**오늘의 묵상**　　이성 교제를 시작한 청년들이 이성 교제를 지속적으로 발전시키고 그것을 통해 유익을 얻는 방법이 있다. 그것은 바로 관계가 성적으로 발전하지 않도록 최선의 노력을 다하는 것이다. 또한 남녀의 관계는 지식적·감정적·인격적·영적 친밀감이 함께 성장하지 않으면 지속적으로 발전할 수 없음도 알아야 한다. 남녀 사이에는 육체적 친밀감 외에 다른 친밀감도 균형 잡히게 필요하다. 그것들은 서로에 대한 깊은 관심과 대화, 그리고 갈등을 함께 이겨 나가고 영적 활동에 함께 참여함으로 성장한다. 이성 사이의 육체적 친밀감은 다른 모든 친밀감이 성숙된 다음에 결혼이라는 틀 안에서 발전되어야 함을 잊지 말자. 그때 결혼이 하나님의 선물이며 축복임을 깨닫게 될 것이다.

# 잠언 8:1-11

## 지혜의 두 번째 부름

**본문 요약 ㅣ** 본문은 은밀하게 사람을 부르는 음녀와 대조하여 지혜가 공공장소에서 당당하게 사람들에게 훈계하는 것을 보여준다. 참 지혜를 분별하고 그것을 추구하는 자들은 진리와 의의 가르침을 쉽게 잘 받아들여서 큰 유익을 얻는다.

1 지혜가 부르지 아니하느냐 명철이 소리를 높이지 아니하느냐

2 그가 길가의 높은 곳과 네거리에 서며

3 성문 곁과 문어귀와 여러 출입하는 문에서 불러 이르되

4 사람들아 내가 너희를 부르며 내가 인자들에게 소리를 높이노라

5 어리석은 자들아 너희는 명철할지니라 미련한 자들아 너희는 마음이 밝을지니라

6 너희는 들을지어다 내가 가장 선한 것을 말하리라 내 입술을 열어 정직을 내리라

7 내 입은 진리를 말하며 내 입술은 악을 미워하느니라

8 내 입의 말은 다 의로운즉 그 가운데에 굽은 것과 패역한 것이 없나니

9 이는 다 총명 있는 자가 밝히 아는 바요 지식 얻은 자가 정직하게 여기는 바니라

10 너희가 은을 받지 말고 나의 훈계를 받으며 정금보다 지식을 얻으라

11 대저 지혜는 진주보다 나으므로 원하는 모든 것을 이에 비교할 수 없음이니라

---

◈ 적용 및 기도 ◈

---

**오늘의 묵상**　　참 지혜는 인간 자신이 누구이며 어떤 존재인가를 명확하게 아는 데서부터 시작한다. 모든 죄악은 인간이 자신을 무엇인가 할 수 있고, 중요한 자라고 착각하는 교만에서 시작된다. 그렇기 때문에 하나님은 그 백성이 계속해서 자기 자신의 무익함과 연약함을 깨닫고 겸손해지는 길로 인도하신다. 하나님이 어떤 분이신가를 바르게 알고 경외하는 자만이 하나님의 올바른 기준인 선을 그대로 받아들일 수 있으며, 그 기준을 받아들이는 자만이 하나님의 말씀에 순종할 수 있다. 자신이 누구인지를 아는 겸손한 사람은 하나님의 말씀에 순종할 수 있는 온유함을 갖게 된다. 이러한 온유와 겸손의 태도를 가진 자만이 참 지혜가 있는 사람이다.

# 잠언 8:12-21 　지혜를 통해 얻게 되는 열매

**본문 요약** | 여호와를 경외하는 자는 바른 지혜를 깨달아 하나님이 싫어하시는 악을 피하게 된다. 지혜는 삶의 도전들을 잘 처리하고 실패하지 않도록 돕는다. 지혜를 가진 방백들(통치자들)만이 하나님의 뜻대로 선한 통치를 행할 수 있다. 이런 지혜는 내적·외적으로 간절히 그것을 찾는 자만이 얻을 수 있다.

12 나 지혜는 명철로 주소를 삼으며 지식과 근신을 찾아 얻나니

13 여호와를 경외하는 것은 악을 미워하는 것이라 나는 교만과 거만과 악한 행실과 패역한 입을 미워하느니라

14 내게는 계략과 참 지식이 있으며 나는 명철이라 내게 능력이 있으므로

15 나로 말미암아 왕들이 치리하며 방백들이 공의를 세우며

16 나로 말미암아 재상과 존귀한 자 곧 모든 의로운 재판관들이 다스리느니라

17 나를 사랑하는 자들이 나의 사랑을 입으며 나를 간절히 찾는 자가 나를 만날 것이니라

18 부귀가 내게 있고 장구한 재물과 공의도 그러하니라

19 내 열매는 금이나 정금보다 나으며 내 소득은 순은보다 나으니라

20 나는 정의로운 길로 행하며 공의로운 길 가운데로 다니나니

21 이는 나를 사랑하는 자가 재물을 얻어서 그 곳간에 채우게 하려 함이니라

---

◈ 적용 및 기도 ◈

---

**오늘의 묵상**　　인간은 본래 보이는 것만을 받아들이고 의존하는 존재다. 따라서 신앙생활을 하면서도 보이지 않는 하나님보다는 보이는 축복과 기적에 의존하기 쉽다. 신앙은 보이지 않는 하나님과 그분의 말씀을 믿는 믿음이다. 보이는 것을 얼마나 많이 가졌는가는 신앙의 성숙이나 축복과는 전혀 관계가 없다. 그리고 이렇게 태도가 바뀌게 되는 것이 하나님의 지혜를 가진 자가 경험하는 성장이며 성숙의 자연스러운 결과다. 신앙과 소유가 전혀 별개의 것임을 깨닫지 못하면 신앙의 중심을 엉뚱한 곳에 두게 된다. 더 많은 돈을 벌고, 더 높은 지위에 올라가며, 더 많은 사람들에게 인정을 받는 것에 집착하면서 점점 영적으로 피폐해진다. 그러나 이런 것들은 우리의 영적 성숙과 관계가 없으며, 또한 하나님의 축복의 직접적인 결과가 아니다.

# 잠언 8:22-36　하나님의 창조 사역에 함께한 지혜　년　월　일

**본문 요약 |** 지혜는 창조 전에 이미 하나님과 함께 존재했다. 또한 창조 사역에 하나님과 함께 동역함으로 만물이 지혜의 기초 위에 세워지게 되었다. 신적 존재인 지혜를 얻는 자는 생명을 얻게 되지만, 지혜를 잃어버리는 자는 자기의 영혼을 잃어버리게 된다.

22 여호와께서 그 조화의 시작 곧 태초에 일하시기 전에 나를 가지셨으며 23 만세 전부터, 태초부터, 땅이 생기기 전부터 내가 세움을 받았나니 24 아직 바다가 생기지 아니하였고 큰 샘들이 있기 전에 내가 이미 났으며 25 산이 세워지기 전에, 언덕이 생기기 전에 내가 이미 났으니 26 하나님이 아직 땅도, 들도, 세상 진토의 근원도 짓지 아니하셨을 때에라 27 그가 하늘을 지으시며 궁창을 해면에 두르실 때에 내가 거기 있었고 28 그가 위로 구름 하늘을 견고하게 하시며 바다의 샘들을 힘 있게 하시며 29 바다의 한계를 정하여 물이 명령을 거스르지 못하게 하시며 또 땅의 기초를 정하실 때에 30 내가 그 곁에 있어서 창조자가 되어 날마다 그의 기뻐하신 바가 되었으며 항상 그 앞에서 즐거워하였으며 31 사람이 거처할 땅에서 즐거워하며 인자들을 기뻐하였느니라 32 아들들아 이제 내게 들으라 내 도를 지키는 자가 복이 있느니라 33 훈계를 들어서 지혜를 얻으라 그것을 버리지 말라 34 누구든지 내게 들으며 날마다 내 문 곁에서 기다리며 문설주 옆에서 기다리는 자는 복이 있나니 35 대저 나를 얻는 자는 생명을 얻고 여호와께 은총을 얻을 것임이니라 36 그러나 나를 잃는 자는 자기의 영혼을 해하는 자라 나를 미워하는 자는 사망을 사랑하느니라

◈ 적용 및 기도 ◈

**오늘의 묵상**　　종교 다원주의는, 신은 존재하지만 그 신에게로 나아갈 수 있는 길은 다양하며, 그러므로 신을 믿는 모든 사람은 시대와 문화마다 다양하게 계시된 방법을 통해 구원을 얻게 된다고 주장한다. 그리고 심지어는 타종교에도 구원이 있다고 믿는 기독교적 종교 다원주의자들도 있다. 다른 종교와 기독교의 가장 큰 차이점은, 기독교가 인간의 지혜와 생각으로 만들어 낸 종교가 아닌 하나님의 계시를 통해 형성된 종교라는 것이다. 그렇기 때문에 예수 그리스도만으로 구원을 받는다는 기독교 교리는 우리가 거북하거나 싫다고 해서 바꿀 수 있는 것이 아니다. 하나님이 그것을 유일한 구원의 길로 지정하셨고, 하나님께 이를 수 있는 유일한 길로 우리에게 계시하셨기 때문이다.

# 잠언 9:1-9

## 지혜의 초대

> **본문 요약 |** 지혜가 견고한 집을 짓고 잔치 음식을 마련한 뒤에 사람들을 초대한다. 어리석은 자와 지혜 없는 자를 전부 초대해서 의와 생명을 제공한다. 하지만 지혜는 거만한 자와 악인은 초대하지 않는다. 이는 이들이 지혜의 초청을 거부할 뿐 아니라 이미 심판이 확정되었기 때문이다.

1 지혜가 그의 집을 짓고 일곱 기둥을 다듬고

2 짐승을 잡으며 포도주를 혼합하여 상을 갖추고

3 자기의 여종을 보내어 성중 높은 곳에서 불러 이르기를

4 어리석은 자는 이리로 돌이키라 또 지혜 없는 자에게 이르기를

5 너는 와서 내 식물을 먹으며 내 혼합한 포도주를 마시고

6 어리석음을 버리고 생명을 얻으라 명철의 길을 행하라 하느니라

7 거만한 자를 징계하는 자는 도리어 능욕을 받고 악인을 책망하는 자는 도리어 흠이 잡히느니라

8 거만한 자를 책망하지 말라 그가 너를 미워할까 두려우니라 지혜 있는 자를 책망하라 그가 너를 사랑하리라

9 지혜 있는 자에게 교훈을 더하라 그가 더욱 지혜로워질 것이요 의로운 사람을 가르치라 그의 학식이 더하리라

---

◈ 적용 및 기도 ◈

---

**오늘의 묵상**    예수를 믿지 않아도 착하고 훌륭한 사람이 세상에는 많이 있다. 하지만 이것은 어디까지나 인간적인 기준에 의한 것이다. 성경은 하나님의 절대적인 기준에 따라 모든 인간이 불의하다고 이야기한다(롬 3:23). 구원은 온전하신 하나님과 영원히 살게 되는 것이다. 인간이 하나님과 함께 살기 위해서는 하나님의 기준에 따라 온전해야 한다. 하지만 그 기준에 부합할 수 있는 인간은 하나도 없기에 온전하신 하나님인 그리스도가 인간의 몸으로 이 땅에 오신 것이다. 인간적인 기준으로 자신을 의롭고 선하다고 판단하는 자를 성경은 교만한 자라고 말한다. 성경이 말하는 악이란 하나님이 아닌 자기 자신을 섬기고자 하는 인간의 죄악 된 경향성이 만들어 낸 모든 결과다. 즉, 이런 기준에 의하면 모든 인간은 교만하며 죄인이다.

# 잠언 9:10-18　　미련한 여인의 유혹에 대한 경계　　년　월　일

**본문 요약 |** 여호와를 경외하는 지혜로운 자에게는 생명이 약속되지만, 지혜를 비웃는 거만한 자는 멸망을 당하고 홀로 그 모든 책임을 져야 한다. 미련한 여인은 자기 길을 가는 자들을 유혹하여 사망에 이르게 하기 때문에 이런 유혹에 주의해야 한다.

10 여호와를 경외하는 것이 지혜의 근본이요 거룩하신 자를 아는 것이 명철이니라

11 나 지혜로 말미암아 네 날이 많아질 것이요 네 생명의 해가 네게 더하리라

12 네가 만일 지혜로우면 그 지혜가 네게 유익할 것이나 네가 만일 거만하면 너 홀로 해를 당하리라

13 미련한 여인이 떠들며 어리석어서 아무것도 알지 못하고

14 자기 집 문에 앉으며 성읍 높은 곳에 있는 자리에 앉아서

15 자기 길을 바로 가는 행인들을 불러 이르되

16 어리석은 자는 이리로 돌이키라 또 지혜 없는 자에게 이르기를

17 도둑질한 물이 달고 몰래 먹는 떡이 맛이 있다 하는도다

18 오직 그 어리석은 자는 죽은 자들이 거기 있는 것과 그의 객들이 스올 깊은 곳에 있는 것을 알지 못하느니라

---

◈ **적용 및 기도** ◈

---

**오늘의 묵상**　　지혜와 어리석음은 사람들의 선택을 요구한다. 우리 역시 끊임없이 무엇인가를 선택하며 살아가는 존재다. 특별히 진로나 결혼과 같은 중요한 결정을 앞두면 사람들은 오랫동안 고민하며 하나님께 기도한다. 하지만 하나님은 우리가 깊은 관심을 갖고 있는 바로 그 대상을 이용해서 우리를 거룩하게 만드시는 분이다. 우리가 깊은 관심을 기울인다는 것은 그것을 통해 어려움이 올 때 더 많이 변화될 수 있음을 의미한다. 우리의 삶의 목표가 행복이 아닌 거룩이 될 때, 우리의 선택의 기준이 달라질 수 있다. 선택한 결과가 썩 마음에 들지 않아도 그것이 거룩을 배우는 데 도움이 된다면, 거기에는 하나님의 인도하심이 있었던 것이다. 따라서 어떤 선택을 하기에 앞서 이 땅에서 우리의 삶의 목표를 바로 세워야 한다.

# 잠언 10:1-11  지혜로운 아들과 생명을 가져오는 의인의 말

> **본문 요약 |** 지혜로운 아들은 선하고 부지런한 삶을 살아서 부모에게 기쁨과 영광을 가져다주지만, 미련한 아들은 부모를 욕되게 한다. 사람의 말은 자신에게 축복과 저주를 가져오는 도구가 될 뿐 아니라, 다른 사람에게 생명이나 죽음을 전달하는 도구가 되기도 한다.

1 솔로몬의 잠언이라 지혜로운 아들은 아비를 기쁘게 하거니와 미련한 아들은 어미의 근심이니라

2 불의의 재물은 무익하여도 공의는 죽음에서 건지느니라

3 여호와께서 의인의 영혼은 주리지 않게 하시나 악인의 소욕은 물리치시느니라

4 손을 게으르게 놀리는 자는 가난하게 되고 손이 부지런한 자는 부하게 되느니라

5 여름에 거두는 자는 지혜로운 아들이나 추수 때에 자는 자는 부끄러움을 끼치는 아들이니라

6 의인의 머리에는 복이 임하나 악인의 입은 독을 머금었느니라

7 의인을 기념할 때에는 칭찬하거니와 악인의 이름은 썩게 되느니라

8 마음이 지혜로운 자는 계명을 받거니와 입이 미련한 자는 멸망하리라

9 바른 길로 행하는 자는 걸음이 평안하려니와 굽은 길로 행하는 자는 드러나리라

10 눈짓하는 자는 근심을 끼치고 입이 미련한 자는 멸망하느니라

11 의인의 입은 생명의 샘이라도 악인의 입은 독을 머금었느니라

---

◈ 적용 및 기도 ◈

---

**오늘의 묵상**   히브리인들에게 지혜는 이성적 차원에서의 지식을 의미하지 않았다. 그들은 지혜가 삶에 직접적으로 영향을 미치는 실용적인 것이라고 생각했다. 그렇기 때문에 지혜를 가진 자라면 그의 삶과 관계 가운데 그 지혜의 영향력을 반드시 나타내야 했던 것이다. 지혜로운 자는 그 말을 통해 자신과 타인에게 유익을 끼치는 자다. 지혜로운 자는 하나님을 경외하는 자이기 때문에 의인이다. 그는 하나님이 기뻐하시는 말을 한다. 말은 영적 생명력을 전달하는 통로가 되기 때문에, 의인이 말로 하나님을 찬양하고 다른 사람을 축복하면 그 말은 자신에게도 복을 가져오는 도구가 된다. 또한 지혜로운 자는 이웃을 축복하고 격려하는 말을 통해 생명을 전달할 수 있다. 이처럼 말은 자신과 타인에게 복과 생명을 전달하는 귀한 도구다.

# 잠언 10:12-21　　지혜와 사랑이 담긴 입술　　년　월　일

**본문 요약 ㅣ** 사람은 그가 한 말로 심판을 당하게 된다. 그것은 말이 사람의 마음에 있는 것을 표현하는 수단이기 때문이다. 지혜로운 자는 마음의 지혜를 전달함으로 사랑과 생명의 유익을 끼치지만, 미련한 자는 말로 남을 해치고 자신도 멸망에 이르게 한다.

12 미움은 다툼을 일으켜도 사랑은 모든 허물을 가리느니라

13 명철한 자의 입술에는 지혜가 있어도 지혜 없는 자의 등을 위하여는 채찍이 있느니라

14 지혜로운 자는 지식을 간직하거니와 미련한 자의 입은 멸망에 가까우니라

15 부자의 재물은 그의 견고한 성이요 가난한 자의 궁핍은 그의 멸망이니라

16 의인의 수고는 생명에 이르고 악인의 소득은 죄에 이르느니라

17 훈계를 지키는 자는 생명길로 행하여도 징계를 버리는 자는 그릇 가느니라

18 미움을 감추는 자는 거짓된 입술을 가진 자요 중상하는 자는 미련한 자이니라

19 말이 많으면 허물을 면하기 어려우나 그 입술을 제어하는 자는 지혜가 있느니라

20 의인의 혀는 순은과 같거니와 악인의 마음은 가치가 적으니라

21 의인의 입술은 여러 사람을 교육하나 미련한 자는 지식이 없어 죽느니라

◈ 적용 및 기도 ◈

**오늘의 묵상**　　사람의 영혼 속에 무엇이 담겨 있는지 알 수 있는 방법이 하나 있다. 바로 그 사람의 말을 살펴보는 것이다. 말은 인간의 영혼 속에 있는 것을 밖으로 드러내는 역할을 하는 통로다. 마음이 선한 사람은 선한 것을, 악한 사람은 악한 것을 반드시 말로 드러내게 되어 있다. 또한 말은 단순히 사람의 생각만을 드러내지 않는다. 말은 사람의 영적 에너지를 전달하는 통로가 된다. 그렇다면 어떻게 부정적이고 악한 말을 버리고 지혜롭고 선한 말만 할 수 있을까? 말을 통해 드러난 자신의 죄악을 하나님 앞에 회개하며 성령의 다스리심을 적극적으로 구해야 한다. 마음의 죄악이 없어지고 성령의 다스리심으로 말미암은 성령의 열매가 맺어지지 않고서는 말의 변화는 불가능하다.

# 잠언 10:22-32　지혜롭고 의로운 자의 소원 성취

> **본문 요약** ㅣ 미련하고 게으른 악인은 이 땅에서도 자신의 원함을 성취하지 못하고 결국에는 심판을 당하게 된다. 하지만 지혜롭고 명철한 의인은 하나님의 도우심으로 복을 받아 이 땅에서도 소망하는 것을 전부 얻게 되고, 영원한 안식과 생명까지도 얻게 된다.

22 여호와께서 주시는 복은 사람을 부하게 하고 근심을 겸하여 주지 아니하시느니라

23 미련한 자는 행악으로 낙을 삼는 것같이 명철한 자는 지혜로 낙을 삼느니라

24 악인에게는 그의 두려워하는 것이 임하거니와 의인은 그 원하는 것이 이루어지느니라

25 회오리바람이 지나가면 악인은 없어져도 의인은 영원한 기초 같으니라

26 게으른 자는 그 부리는 사람에게 마치 이에 식초 같고 눈에 연기 같으니라

27 여호와를 경외하면 장수하느니라 그러나 악인의 수명은 짧아지느니라

28 의인의 소망은 즐거움을 이루어도 악인의 소망은 끊어지느니라

29 여호와의 도가 정직한 자에게는 산성이요 행악하는 자에게는 멸망이니라

30 의인은 영영히 이동되지 아니하여도 악인은 땅에 거하지 못하게 되느니라

31 의인의 입은 지혜를 내어도 패역한 혀는 베임을 당할 것이니라

32 의인의 입술은 기쁘게 할 것을 알거늘 악인의 입은 패역을 말하느니라

◈ 적용 및 기도 ◈

**오늘의 묵상**　기도는 기독교에만 있는 종교 행위는 아니다. 다른 모든 종교에도 인간의 소원을 신에게 아뢰는 기도라는 것이 존재한다. 하지만 기도에 있어서 기독교와 다른 종교에는 결정적 차이가 있다. 다른 종교는 열심과 헌신으로 기도를 하면 그 내용이 무엇이든 간에 다 이루어진다고 믿는다. 하지만 기독교에서는 기도하는 사람의 열심과 헌신은 기도의 응답과 전혀 관계가 없다. 그것은 기도의 응답이 하나님의 뜻에 얼마나 일치하는가에 달려 있기 때문이다. 그러므로 성도는 기도를 열심히 많이 하기 전에 먼저 하나님의 뜻에 맞는 기도를 드리는 법을 배워야 한다. 그렇게 하나님의 마음에 합한 기도를 드리는 의인의 간구와 소원은 전부 응답된다.

# 잠언 11:1-11  하나님이 기뻐하시는 의인

**본문 요약** | 지혜 있는 의인은 하나님을 경외하기 때문에 정직한 삶을 살며 다른 사람에게 유익을 끼친다. 하지만 악인은 타인에게 해를 끼친다. 심판의 때에 하나님은 의인을 구원하시고 악인을 심판하심으로써 하나님의 공의를 보이실 것이다.

1 속이는 저울은 여호와께서 미워하시나 공평한 추는 그가 기뻐하시느니라

2 교만이 오면 욕도 오거니와 겸손한 자에게는 지혜가 있느니라

3 정직한 자의 성실은 자기를 인도하거니와 사악한 자의 패역은 자기를 망하게 하느니라

4 재물은 진노하시는 날에 무익하나 공의는 죽음에서 건지느니라

5 완전한 자의 공의는 자기의 길을 곧게 하려니와 악한 자는 자기의 악으로 말미암아 넘어지리라

6 정직한 자의 공의는 자기를 건지려니와 사악한 자는 자기의 악에 잡히리라

7 악인은 죽을 때에 그 소망이 끊어지나니 불의의 소망이 없어지느니라

8 의인은 환난에서 구원을 얻으나 악인은 자기의 길로 가느니라

9 악인은 입으로 그의 이웃을 망하게 하여도 의인은 그의 지식으로 말미암아 구원을 얻느니라

10 의인이 형통하면 성읍이 즐거워하고 악인이 패망하면 기뻐 외치느니라

11 성읍은 정직한 자의 축복으로 인하여 진흥하고 악한 자의 입으로 말미암아 무너지느니라

---

◈ 적용 및 기도 ◈

---

**오늘의 묵상**   우리는 '정직하면 손해를 본다'는 말을 흔히 하고 또 듣는다. 그래서 학생들은 더 높은 점수를 받기 위해 쉽게 커닝을 하고, 장사하는 사람들은 세금을 정직하게 내다가는 이윤을 하나도 남길 수 없다며 탈세를 하기도 한다. 우리의 믿음은 순교를 하거나 선교를 나가는 것으로만 증명되는 것이 아니다. 일상에서 정직한 삶을 사는 것으로도 하나님의 거룩하심과 위대하심을 두려워하는 믿음을 드러내는 것이다. 커닝을 하지 않고 세금을 정확히 내는 것만으로도 영생이 있음을 정말로 믿음을 증명하는 것이다. 이렇듯 성도는 많은 헌금이나 위대한 헌신으로 믿음을 증명하기 전에, 일상의 정직의 영역에서 먼저 하나님과 그분의 말씀에 순종하고 있는가를 증명해야 한다.

# 인자와 공의를 행하는 의인

> **본문 요약 |** 지혜 없는 자는 이웃에게 계속 해를 끼치는 삶을 살아서 결국에는 자신이 멸망에 이르게 된다. 하지만 지혜 있는 자는 이웃에게 인자와 공의를 지속적으로 행하는 삶을 살아서 자신의 영혼을 이롭게 하고 영원한 생명을 얻게 된다.

12 지혜 없는 자는 그의 이웃을 멸시하나 명철한 자는 잠잠하느니라

13 두루 다니며 한담하는 자는 남의 비밀을 누설하나 마음이 신실한 자는 그런 것을 숨기느니라

14 지략이 없으면 백성이 망하여도 지략이 많으면 평안을 누리느니라

15 타인을 위하여 보증이 되는 자는 손해를 당하여도 보증이 되기를 싫어하는 자는 평안하니라

16 유덕한 여자는 존영을 얻고 근면한 남자는 재물을 얻느니라

17 인자한 자는 자기의 영혼을 이롭게 하고 잔인한 자는 자기의 몸을 해롭게 하느니라

18 악인의 삯은 허무하되 공의를 뿌린 자의 삯은 확실하니라

19 공의를 굳게 지키는 자는 생명에 이르고 악을 따르는 자는 사망에 이르느니라

20 마음이 굽은 자는 여호와께 미움을 받아도 행위가 온전한 자는 그의 기뻐하심을 받느니라

21 악인은 피차 손을 잡을지라도 벌을 면하지 못할 것이나 의인의 자손은 구원을 얻으리라

---

◈ 적용 및 기도 ◈

---

**오늘의 묵상**    선한 말이든 악한 말이든 사람이 그의 마음에 있는 것을 쏟아 내는 것처럼, 의를 행하거나 악을 행하는 사람도 그의 영혼에 담긴 것을 따라 행하는 것이다. 그러므로 항상 의를 행하는 자가 되기 위해서는 영혼이 하나님의 의로우신 성품을 닮아야 한다. 하나님도 자녀들인 우리가 자신의 의로운 성품을 닮아가기를 간절히 바라신다. 그렇다면 하나님의 의로우신 성품을 어떻게 닮을 수 있을까? 먼저, 하나님의 의로우신 성품이 무엇이며, 그것이 어떻게 실현되는지를 말씀을 통해 깨달아야 한다. 다음으로, 하나님의 의와 반대되는 우리의 불의함을 회개해야 한다. 마지막으로, 성령께 우리가 일상 가운데 의를 행할 열망을 주시고, 또한 구체적으로 해야 할 일에 대한 지혜를 주시도록 기도해야 한다.

# 잠언 11:22-31 　　　타인을 윤택하게 하는 자 　　　년　월　일

**본문 요약 ㅣ** 이웃을 구제하고 윤택하게 하는 자는 풍성한 상을 받게 된다. 하지만 자기의 재물을 의지하고 자신의 이익만을 구하여 남을 구제하지 않는 자는 결국 패망하게 된다. 의인은 타인에게 생명을 전달함으로 사람들을 얻지만, 악인은 자신의 생명조차 구원하지 못한다.

22 아름다운 여인이 삼가지 아니하는 것은 마치 돼지 코에 금고리 같으니라

23 의인의 소원은 오직 선하나 악인의 소망은 진노를 이루느니라

24 흩어 구제하여도 더욱 부하게 되는 일이 있나니 과도히 아껴도 가난하게 될 뿐이니라

25 구제를 좋아하는 자는 풍족하여질 것이요 남을 윤택하게 하는 자는 자기도 윤택하여지리라

26 곡식을 내놓지 아니하는 자는 백성에게 저주를 받을 것이나 파는 자는 그의 머리에 복이 임하리라

27 선을 간절히 구하는 자는 은총을 얻으려니와 악을 더듬어 찾는 자에게는 악이 임하리라

28 자기의 재물을 의지하는 자는 패망하려니와 의인은 푸른 잎사귀 같아서 번성하리라

29 자기 집을 해롭게 하는 자의 소득은 바람이라 미련한 자는 마음이 지혜로운 자의 종이 되리라

30 의인의 열매는 생명나무라 지혜로운 자는 사람을 얻느니라

31 보라 의인이라도 이 세상에서 보응을 받겠거든 하물며 악인과 죄인이리요

◈ 적용 및 기도 ◈

**오늘의 묵상**　　남을 구제하는 행위는 우리가 자기중심적 경향에서 얼마나 벗어났는지를 살펴볼 수 있는 근거가 된다. 우리가 다른 사람을 잘 구제하지 못하는 이유는 자신과 가족 외에는 다른 사람을 사랑하지 못하기 때문이다. 또한 자신의 안녕과 평안이 자신이 갖고 있는 재물에 근거한다고 생각하기 때문이다. 결국 구제의 정도는 다른 사람에 대한 긍휼과 사랑의 정도에 비례하며, 또한 재물 대신 하나님을 신뢰하는 정도에 비례한다. 그렇기 때문에 구제는 사실 남을 위한 것이 아니라 자기 자신을 위한 것이다. 그것은 구제가 다른 사람에게 물질적 도움을 주는 유익보다 자신의 영혼이 자기 사랑에서 벗어나고 하나님을 신뢰하는 데 더 큰 유익을 주기 때문이다.

# 잠언 12:1-9　　하나님의 은총과 칭찬을 받는 의인

**본문 요약 |** 의인은 하나님의 은총과 칭찬을 받는 자다. 그는 사람을 구원하는 일을 위해 힘쓰고, 정직한 삶을 살아간다. 하지만 악인은 하나님의 정죄와 멸시를 받는다. 그는 다른 사람을 해하려 하다가 결국에는 자기 자신이 멸망을 당한다.

1　훈계를 좋아하는 자는 지식을 좋아하거니와 징계를 싫어하는 자는 짐승과 같으니라

2　선인은 여호와께 은총을 받으려니와 악을 꾀하는 자는 정죄하심을 받으리라

3　사람이 악으로써 굳게 서지 못하거니와 의인의 뿌리는 움직이지 아니하느니라

4　어진 여인은 그 지아비의 면류관이나 욕을 끼치는 여인은 그 지아비의 뼈가 썩음 같게 하느니라

5　의인의 생각은 정직하여도 악인의 도모는 속임이니라

6　악인의 말은 사람을 엿보아 피를 흘리자 하는 것이거니와 정직한 자의 입은 사람을 구원하느니라

7　악인은 엎드러져서 소멸되려니와 의인의 집은 서 있으리라

8　사람은 그 지혜대로 칭찬을 받으려니와 마음이 굽은 자는 멸시를 받으리라

9　비천히 여김을 받을지라도 종을 부리는 자는 스스로 높은 체하고도 음식이 핍절한 자보다 나으니라

---

◈ 적용 및 기도 ◈

---

**오늘의 묵상**　　인간에게는 가치 있는 존재로 대우받고 싶은 근본적인 욕구가 있다. 이런 존재 욕구가 채워지지 않을 때 주변 사람들에게 인정받고자 허영을 부리게 되며, 이는 다양한 형태로 나타난다. 모든 허영심은 인간의 진정한 가치를 모르기 때문에 생기는 것이다. 또한 세상이 평가하는 가치를 중요하게 여기기 때문에 생기는 것이다. 그렇기 때문에 하나님이 인간을 어떻게 바라보시는지를 깨닫기 전에는 절대로 허영심에서 벗어날 수 없다. 하나님은 인간을 자신의 형상을 따라 만드셨다. 그리고 타락한 인간을 위해 자신의 하나밖에 없는 아들을 죽이셨다. 이것은 하나님이 인간의 가치를 자신의 가치와 동일하게 여기시는 것을 보여주는 것이다. 오직 하나님만이 우리의 빈 마음을 채우시고 우리를 온전하게 사랑해 주시는 분이다.

# 잠언 12:10-19　　　지혜로운 자의 성실함과 선한 말

년　　월　　일

**본문 요약** | 의인은 성실함으로 자신의 일을 하며, 또한 말로 다른 사람들을 치료하고 돕는다. 그러나 악인은 일확천금을 노리고 헛된 이익을 추구하며, 또한 부정적인 말로 다른 사람에게 큰 상처와 아픔을 준다. 악인은 자신의 말과 행동대로 결국 보응을 받게 된다.

10 의인은 자기의 가축의 생명을 돌보나 악인의 긍휼은 잔인이니라

11 자기의 토지를 경작하는 자는 먹을 것이 많거니와 방탕한 것을 따르는 자는 지혜가 없느니라

12 악인은 불의의 이익을 탐하나 의인은 그 뿌리로 말미암아 결실하느니라

13 악인은 입술의 허물로 말미암아 그물에 걸려도 의인은 환난에서 벗어나느니라

14 사람은 입의 열매로 말미암아 복록에 족하며 그 손이 행하는 대로 자기가 받느니라

15 미련한 자는 자기 행위를 바른 줄로 여기나 지혜로운 자는 권고를 듣느니라

16 미련한 자는 당장 분노를 나타내거니와 슬기로운 자는 수욕을 참느니라

17 진리를 말하는 자는 의를 나타내어도 거짓 증인은 속이는 말을 하느니라

18 칼로 찌름같이 함부로 말하는 자가 있거니와 지혜로운 자의 혀는 양약과 같으니라

19 진실한 입술은 영원히 보존되거니와 거짓 혀는 잠시 동안만 있을 뿐이니라

---

◈ 적용 및 기도 ◈

---

**오늘의 묵상**　　분노처럼 인간의 죄성을 잘 드러내는 것은 없다. 분노는 인간이 하나님 노릇을 하려다가 실패한 좌절감과 상실감이 부정적 감정으로 드러난 것이다. 사람들이 화를 내는 이유는 자신이 통제하려고 했던 시도가 실패하기 때문이며, 인간의 통제 욕구는 자신의 힘으로 환경이나 다른 사람을 지배하려는 죄성에서 비롯된 것이다. 아무리 큰 힘과 능력을 가진 사람도 모든 것을 자신이 원하는 대로 통제할 수 없으며, 반드시 인간의 지배 욕구는 좌절되게 되어 있다. 이것을 인정하지 못하면 내부적으로 치밀어 오르는 분노를 통제하지 못해 밖으로 표출하게 된다. 분노의 감정이 담긴 말은 사람의 영혼을 칼로 찌르는 것처럼 파괴한다. 분노의 가해자이건 피해자이건 전부 죄인이다. 회개와 용서만이 죄인을 영적 감옥에서 자유하게 할 수 있다.

# 잠언 12:20-28 　재앙을 당하지 않는 의인

> **본문 요약 ┃** 하나님에 대한 두려움과 믿음이 없는 자는 악을 꾀하고, 늘 거짓말을 하며, 게으르게 산다. 하지만 하나님의 백성인 의인은 하나님이 기뻐하시는 화평과 정직과 근면함을 행하며 산다.

20 악을 꾀하는 자의 마음에는 속임이 있고 화평을 의논하는 자에게는 희락이 있느니라

21 의인에게는 어떤 재앙도 임하지 아니하려니와 악인에게는 앙화가 가득하리라

22 거짓 입술은 여호와께 미움을 받아도 진실하게 행하는 자는 그의 기뻐하심을 받느니라

23 슬기로운 자는 지식을 감추어도 미련한 자의 마음은 미련한 것을 전파하느니라

24 부지런한 자의 손은 사람을 다스리게 되어도 게으른 자는 부림을 받느니라

25 근심이 사람의 마음에 있으면 그것으로 번뇌하게 되나 선한 말은 그것을 즐겁게 하느니라

26 의인은 그 이웃의 인도자가 되나 악인의 소행은 자신을 미혹하느니라

27 게으른 자는 그 잡을 것도 사냥하지 아니하나니 사람의 부귀는 부지런한 것이니라

28 공의로운 길에 생명이 있나니 그 길에는 사망이 없느니라

---

◈ 적용 및 기도 ◈

---

**오늘의 묵상**　　오늘 본문의 '재앙'은 죄악에 대한 마지막 심판으로 이해해야 한다. 즉, 이 땅에서는 의인이라도 자신의 행위에 관계없는 환난과 고난을 당할 수 있지만, 하나님은 반드시 마지막 심판의 결과로 나타나는 재앙으로부터 의인을 건지신다는 의미다. 성경은 늘 이 땅에서 일어나는 일들을 성도의 궁극적 축복과 영광을 위한 짧은 과정으로 취급한다. 그렇기 때문에 이 땅에서 당하는 고통과 환난은 궁극적으로는 재앙으로 간주되지 않는다. 이 땅에서 혹시 고난과 어려움을 당하더라도, 이 모든 것이 우리의 궁극적 신분과 영광을 해하지 못함을 믿어야 한다. 또한 그 모든 환난이 우리의 성장과 변화라는 특별한 목적을 위해 주어진 것임을 믿어야 한다. 의인은 세상에서 고난을 당하지만, 결국에는 영원한 심판과 재앙을 피하게 될 것이다.

# 잠언 13:1-8    말과 게으름과 재물에 대한 훈계    년    월    일

> **본문 요약 Ⅰ** 한 사람의 말과 행동은 그 사람의 미래를 좌우한다. 선한 말을 하고 부지런한 사람은 아름다운 결과를 얻게 되지만, 그렇지 않은 사람은 부끄럽게 될 것이다. 이 땅의 재물은 필요할 때가 있지만, 영적 부요함에는 비할 수 없다.

1 지혜로운 아들은 아비의 훈계를 들으나 거만한 자는 꾸지람을 즐겨 듣지 아니하느니라

2 사람은 입의 열매로 인하여 복록을 누리거니와 마음이 궤사한 자는 강포를 당하느니라

3 입을 지키는 자는 자기의 생명을 보전하나 입술을 크게 벌리는 자에게는 멸망이 오느니라

4 게으른 자는 마음으로 원하여도 얻지 못하나 부지런한 자의 마음은 풍족함을 얻느니라

5 의인은 거짓말을 미워하나 악인은 행위가 흉악하여 부끄러운 데에 이르느니라

6 공의는 행실이 정직한 자를 보호하고 악은 죄인을 패망하게 하느니라

7 스스로 부한 체하여도 아무것도 없는 자가 있고 스스로 가난한 체하여도 재물이 많은 자가 있느니라

8 사람의 재물이 자기 생명의 속전일 수 있으나 가난한 자는 협박을 받을 일이 없느니라

---

◈ 적용 및 기도 ◈

---

**오늘의 묵상**    대부분의 사람은 부자가 되고 싶어 한다. 부를 소유하면 생활이 편리해질 뿐 아니라, 세상에 영향력이 생기고 다른 사람들의 부러움을 사는 등 여러 이익들이 따르기 때문이다. 그렇다고 해서 부가 온전한 행복과 만족을 가져다주는 것은 아니다. 세상 사람들이 재물에 많은 관심을 쏟는 것은 이해할 만하다. 인간은 한계를 지닌 존재로서 눈에 보이는 힘을 의존하지 않고는 살 수 없으며, 그런 의미에서 돈은 인간이 쉽게 의존할 수 있는 대상이기 때문이다. 하지만 성도는 돈이 아닌 하나님만을 의존과 보호의 대상으로 삼아야 한다. 또한 성도는 하늘의 부요함을 이 땅에서 미리 맛보며, 하나님으로 말미암아 돈이 가져다줄 수 없는 만족과 기쁨을 누릴 수 있어야 한다.

# 잠언 13:9-17  참 생명과 은혜를 얻게 하는 지혜

**본문 요약** ㅣ 말씀을 사모하고 지혜를 따라가는 의인은 참 생명을 얻는 은혜를 받게 된다. 반면에, 말씀을 멸시하고 남을 속이며 교만한 악인은 결국 사망에 이르게 된다.

9  의인의 빛은 환하게 빛나고 악인의 등불은 꺼지느니라

10  교만에서는 다툼만 일어날 뿐이라 권면을 듣는 자는 지혜가 있느니라

11  망령되이 얻은 재물은 줄어가고 손으로 모은 것은 늘어가느니라

12  소망이 더디 이루어지면 그것이 마음을 상하게 하거니와 소원이 이루어지는 것은 곧 생명나무니라

13  말씀을 멸시하는 자는 자기에게 패망을 이루고 계명을 두려워하는 자는 상을 받느니라

14  지혜 있는 자의 교훈은 생명의 샘이니 사망의 그물에서 벗어나게 하느니라

15  선한 지혜는 은혜를 베푸나 사악한 자의 길은 험하니라

16  무릇 슬기로운 자는 지식으로 행하거니와 미련한 자는 자기의 미련한 것을 나타내느니라

17  악한 사자는 재앙에 빠져도 충성된 사신은 양약이 되느니라

◈ 적용 및 기도 ◈

**오늘의 묵상**  본문에서 이야기하는 소원(12절)은 하나님의 구원과 은혜를 사모하는 소망을 의미한다. 그런데 하나님께 소망을 두고 열심히 하나님을 바라는데도 우리가 원하는 때에 바라는 방법으로 하나님의 구원이 임하는 경우는 드물다. 왜 하나님을 바라는 자들의 소원과 기대가 속히 이루어지지 않는 것일까? 그것은 하나님이 이런 상황과 시간을 통해 성도들의 마음을 변화시키고자 하시기 때문이다. 하나님이 원하시는 변화는 마음의 깨어짐으로부터 오는데, 이는 죄로 물든 자아를 부인하고 죽이는 과정이며 참 생명을 얻는 일이다. 하나님은 이 과정을 통해 성도의 옛 성품과 죄악을 분리해 내신다. 하나님의 생명과 은혜는 죄악 된 마음에 부어질 수 없기 때문에 이 '마음의 깨어짐'은 하나님을 믿는 우리들이 반드시 거쳐야 하는 과정이다.

# 의인이 바라는 소원

**본문 요약** ㅣ 의인은 훈계를 듣고 잘 따르기 때문에 소원을 이루게 되고 존영을 얻으며 배부르게 된다. 그러나 악인은 악에서 떠나기 싫어하므로 재앙을 만나고 수욕을 받게 된다. 한편, 부모는 자녀를 징계하여 악한 길에서 떠나게 해야 한다. 그것이 진정한 자녀 사랑이다.

18 훈계를 저버리는 자에게는 궁핍과 수욕이 이르거니와 경계를 받는 자는 존영을 받느니라

19 소원을 성취하면 마음에 달아도 미련한 자는 악에서 떠나기를 싫어하느니라

20 지혜로운 자와 동행하면 지혜를 얻고 미련한 자와 사귀면 해를 받느니라

21 재앙은 죄인을 따르고 선한 보응은 의인에게 이르느니라

22 선인은 그 산업을 자자손손에게 끼쳐도 죄인의 재물은 의인을 위하여 쌓이느니라

23 가난한 자는 밭을 경작함으로 양식이 많아지거니와 불의로 말미암아 가산을 탕진하는 자가 있느니라

24 매를 아끼는 자는 그의 자식을 미워함이라 자식을 사랑하는 자는 근실히 징계하느니라

25 의인은 포식하여도 악인의 배는 주리느니라

◈ 적용 및 기도 ◈

**오늘의 묵상**  성숙한 성도는 개인적 바람이 아닌 하나님의 약속에 기반을 둔 소원을 품어야 한다. 우리는 이 땅의 것이 아니라 하늘의 것을 기대하는 자들이기 때문이다. 성경은 이것을 '소망'이라고 부른다. 성도에게는 장차 그리스도와 같은 형상으로 변화될 것과, 공의를 갈망하면 그것의 성취를 보게 될 것이라는 약속이 주어져 있다. 또한 그리스도가 십자가로 이기신 승리에 동참하게 되리라는 약속과, 하나님과 그의 어린양 예수를 찬양하는 하늘의 영광스러운 예배에 참여할 것에 대한 약속도 주어져 있다. 이 약속들은 하나님의 직접적인 약속이며, 성도를 향한 하나님의 궁극적 목적이기 때문에 반드시 이루어진다. 참된 신자라면 개인적 소원을 바라는 수준에 안주하지 말고, 하나님의 목적대로 그분의 약속들을 소망하는 자로 성장해야 한다.

**본문 요약** ㅣ 여호와를 경외하는 지혜로운 사람은 정직하게 행하며 자기가 해야 할 것을 분별하여 행한다. 이런 정직한 사람은 하나님과 사람들에게 은총을 받게 된다. 그러나 미련한 사람은 하나님의 말씀을 비웃고 거짓말을 해 스스로 매를 번다.

1 지혜로운 여인은 자기 집을 세우되 미련한 여인은 자기 손으로 그것을 허느니라

2 정직하게 행하는 자는 여호와를 경외하여도 패역하게 행하는 자는 여호와를 경멸하느니라

3 미련한 자는 교만하여 입으로 매를 자청하고 지혜로운 자의 입술은 자기를 보전하느니라

4 소가 없으면 구유는 깨끗하려니와 소의 힘으로 얻는 것이 많으니라

5 신실한 증인은 거짓말을 아니하여도 거짓 증인은 거짓말을 뱉느니라

6 거만한 자는 지혜를 구하여도 얻지 못하거니와 명철한 자는 지식 얻기가 쉬우니라

7 너는 미련한 자의 앞을 떠나라 그 입술에 지식 있음을 보지 못함이니라

8 슬기로운 자의 지혜는 자기의 길을 아는 것이라도 미련한 자의 어리석음은 속이는 것이니라

9 미련한 자는 죄를 심상히 여겨도 정직한 자 중에는 은혜가 있느니라

---

◈ 적용 및 기도 ◈

---

**오늘의 묵상**　　지혜로운 여인이 있는 가정은 참 복되다. 지혜로운 여인은 하나님의 뜻대로 아내와 어머니의 역할을 잘 해냄으로 그 가정에 하나님의 복이 임하도록 한다. 참된 지혜는 하나님을 경외하는 것에서 시작되므로, 지혜를 가진 자는 하나님의 말씀대로 행하는 자다. 아내를 향한 가장 중요한 하나님의 명령은 남편에게 복종(순종)하라는 것이다(엡 5:22). 이는 아내의 복종함이 바로 교회가 그리스도에게 복종함과 같은 영적 원리를 따르기 때문이다. 자신의 능력이나 지위에 관계없이 하나님의 말씀을 따라 남편에게 복종할 수 있는 여인이 진정한 지혜를 소유한 것이다. 지혜로운 여인은 하나님의 뜻대로 가정을 잘 세워 가정을 천국의 모형으로 만들어 갈 수 있음을 잊지 말자.

# 잠언 14:10-18    우리의 마음을 유일하게 아시는 하나님

**본문 요약** ┃ 미련한 사람은 아무 말이나 분별없이 믿고, 교만하여 조심성 없이 행동한다. 또한 이러한 행동으로 공동체에 해를 끼쳐 사람들의 미움을 받고, 결국에는 스스로 망한다. 지혜로운 사람은 신중하게 행동하고 악을 떠남으로써 그의 지식을 사람들 앞에서 영광스럽게 자랑하게 된다.

10 마음의 고통은 자기가 알고 마음의 즐거움은 타인이 참여하지 못하느니라

11 악한 자의 집은 망하겠고 정직한 자의 장막은 흥하리라

12 어떤 길은 사람이 보기에 바르나 필경은 사망의 길이니라

13 웃을 때에도 마음에 슬픔이 있고 즐거움의 끝에도 근심이 있느니라

14 마음이 굽은 자는 자기 행위로 보응이 가득하겠고 선한 사람도 자기의 행위로 그리하리라

15 어리석은 자는 온갖 말을 믿으나 슬기로운 자는 자기의 행동을 삼가느니라

16 지혜로운 자는 두려워하여 악을 떠나나 어리석은 자는 방자하여 스스로 믿느니라

17 노하기를 속히 하는 자는 어리석은 일을 행하고 악한 계교를 꾀하는 자는 미움을 받느니라

18 어리석은 자는 어리석음으로 기업을 삼아도 슬기로운 자는 지식으로 면류관을 삼느니라

◈ 적용 및 기도 ◈

**오늘의 묵상**　　사람은 누구나 마음속에 저마다의 고통을 안고 살아간다. 하나님은 사람의 영혼을 비추어 그 깊은 마음속을 환하게 살펴보시기 때문에 우리 마음에 온갖 죄악과 어둠이 가득한 것을 아신다. 이렇듯 인간의 상처 입고 더러운 마음을 아시고, 동시에 그 마음을 고치실 수 있는 분은 오직 하나님뿐이시다. 우리는 이것을 빨리 인정하고 하나님 앞에 마음을 쏟아야 한다. 우리 마음의 상처와 죄악을 인간 스스로는 전혀 해결할 수 없기에 하나님은 예수님을 십자가에서 죽이셨다. 그러므로 고통과 근심을 하나님이 아닌 다른 방법으로 해결하려는 사람은 하나님의 사랑을 거부하는 것과 같다. 하나님 앞에 우리의 고통과 근심을 토해 낼 때 하나님은 우리 마음을 성령의 기름으로 치료해 주신다.

**본문 요약 |** 가난한 사람 역시 하나님이 지으셨으므로 이들을 선대하는 사람은 하나님의 복을 받는다. 지혜로운 사람은 재물을 지혜롭게 사용하여 영광을 얻으며, 말과 행동이 일치하여 유익을 얻는다. 여호와를 경외하는 사람은 견고한 피난처와 생명을 얻게 된다.

19 악인은 선인 앞에 엎드리고 불의한 자는 의인의 문에 엎드리느니라

20 가난한 자는 이웃에게도 미움을 받게 되나 부요한 자는 친구가 많으니라

21 이웃을 업신여기는 자는 죄를 범하는 자요 빈곤한 자를 불쌍히 여기는 자는 복이 있는 자니라

22 악을 도모하는 자는 잘못 가는 것이 아니냐 선을 도모하는 자에게는 인자와 진리가 있으리라

23 모든 수고에는 이익이 있어도 입술의 말은 궁핍을 이룰 뿐이니라

24 지혜로운 자의 재물은 그의 면류관이요 미련한 자의 소유는 다만 미련한 것이니라

25 진실한 증인은 사람의 생명을 구원하여도 거짓말을 뱉는 사람은 속이느니라

26 여호와를 경외하는 자에게는 견고한 의뢰가 있나니 그 자녀들에게 피난처가 있으리라

27 여호와를 경외하는 것은 생명의 샘이니 사망의 그물에서 벗어나게 하느니라

◈ 적용 및 기도 ◈

**오늘의 묵상**　　본문은 하나님을 경외하는 자의 재물에 대한 태도를 보여준다. 첫 번째로, 하나님을 경외하는 자는 재물로 사람의 가치를 평가하지 않는다(21절). 하나님은 외모로 사람을 평가하지 않으시며(갈 2:6), 이 땅의 재물과 지위와 실력 등에 조금도 가치를 두지 않으신다. 두 번째로, 하나님을 경외하는 자는 재물을 지혜롭게 사용함으로 영광을 얻는다(24절). 하나님을 경외하는 사람은 돈에 욕심을 내거나 돈을 두려워하지 않으므로 재물을 지혜롭게 사용할 수 있다. 세 번째로, 하나님을 경외하는 자는 재물을 의존의 대상으로 삼지 않는다(26절). 경제 상황은 계속 변하지만 하나님을 피난처로 삼는 자는 아무리 큰 경제적 위기가 와도 담대할 수 있다.

# 잠언 14:28-35　육신의 병을 가져오는 마음의 병

> **본문 요약 I** 지혜로운 사람은 분노를 다스리며, 가난한 사람 또한 하나님이 지으셨기 때문에 그들을 불쌍히 여긴다. 의인은 죽을 때에도 하나님을 신뢰함으로 두려움이 없다. 공의가 행해지는 나라는 영광을 얻고, 슬기로운 신하는 왕에게 은총을 입는다.

28 백성이 많은 것은 왕의 영광이요 백성이 적은 것은 주권자의 패망이니라

29 노하기를 더디 하는 자는 크게 명철하여도 마음이 조급한 자는 어리석음을 나타내느니라

30 평온한 마음은 육신의 생명이나 시기는 뼈를 썩게 하느니라

31 가난한 사람을 학대하는 자는 그를 지으신 이를 멸시하는 자요 궁핍한 사람을 불쌍히 여기는 자는 주를 공경하는 자니라

32 악인은 그의 환난에 엎드러져도 의인은 그의 죽음에도 소망이 있느니라

33 지혜는 명철한 자의 마음에 머물거니와 미련한 자의 속에 있는 것은 나타나느니라

34 공의는 나라를 영화롭게 하고 죄는 백성을 욕되게 하느니라

35 슬기롭게 행하는 신하는 왕에게 은총을 입고 욕을 끼치는 신하는 그의 진노를 당하느니라

◈ 적용 및 기도 ◈

**오늘의 묵상**　건강에 대한 사람들의 관심은 아주 높다. 건강해지기 위해 운동을 하고, 좋은 음식을 먹으며, 조금만 몸이 좋지 않아도 병원을 찾아 치료를 받고 약을 먹는다. 그러나 인간의 병은 마음에서 시작되는 경우가 많다. 아무리 좋은 음식을 먹고 매일 운동을 한다고 하더라도 우리의 마음을 관리하지 못하면 결코 건강할 수 없다. 몸은 마음의 다스림을 받는다. 그리고 마음은 영의 다스림을 받는다. 따라서 먼저 우리의 영이 하나님과 온전한 관계를 맺어야 한다. 우리의 영혼이 하나님이 주시는 평안과 기쁨을 누리게 될 때 우리의 몸은 자연스럽게 건강하게 되고 균형을 찾을 수 있다. 그러므로 우리는 몸에 대한 관심만큼, 아니 그 이상으로 우리의 마음과 영을 관리하는 일에 관심을 쏟아야 한다.

# 잠언 15:1-8    치유와 생명을 전달하는 지혜로운 말

년    월    일

> **본문 요약** ㅣ 지혜 있는 자는 유순한 말로 분노를 가라앉히고 지식을 베풀며 생명과 치유를 전달한다. 아버지의 훈계를 듣는 자는 슬기로운 자며, 의인은 많은 재물로 다른 사람들을 유익하게 한다. 하나님은 악인과 선인을 살펴보시고 정직한 자의 기도를 기쁘게 받으신다.

1 유순한 대답은 분노를 쉬게 하여도 과격한 말은 노를 격동하느니라

2 지혜 있는 자의 혀는 지식을 선히 베풀고 미련한 자의 입은 미련한 것을 쏟느니라

3 여호와의 눈은 어디서든지 악인과 선인을 감찰하시느니라

4 온순한 혀는 곧 생명나무이지만 패역한 혀는 마음을 상하게 하느니라

5 아비의 훈계를 업신여기는 자는 미련한 자요 경계를 받는 자는 슬기를 얻을 자니라

6 의인의 집에는 많은 보물이 있어도 악인의 소득은 고통이 되느니라

7 지혜로운 자의 입술은 지식을 전파하여도 미련한 자의 마음은 정함이 없느니라

8 악인의 제사는 여호와께서 미워하셔도 정직한 자의 기도는 그가 기뻐하시느니라

◈ 적용 및 기도 ◈

**오늘의 묵상**    지혜로운 말은 긍정적이고 선한 영향력을 미치는데, 오늘 본문은 이런 말의 영향력에 대해 가르치고 있다. 첫 번째로, 부드러운 말은 다른 사람의 감정을 가라앉힐 수 있다. 지혜롭고 유순한 말에는 분노의 감정을 누그러뜨릴 수 있는 더 큰 능력이 있다. 두 번째로, 말을 통해 다른 사람의 마음을 치유하며 생명을 전달할 수 있다. 하나님의 생명과 사랑이 담긴 말은 깨어진 영혼을 치유하는 능력이 있다. 세 번째로, 말은 지혜와 지식을 전파한다. 하나님은 사람들이 보고 들을 수 있는 언어를 통해 그분의 지혜와 지식을 우리에게 전달하신다. 우리 안에 하나님의 말씀이 가득할 때, 우리는 하나님의 지혜를 전달하는 사람이 될 수 있다. 세상적이고 실용적인 지식만이 난무하는 이런 때일수록 지혜자의 참된 지식이 더 많이 필요하다.

# 잠언 15:9-16 마음을 통해 흘러나오는 영적 생명력 년 월 일

**본문 요약 |** 하나님은 공의를 행하는 사람을 기뻐하시고 사랑하신다. 전지하신 하나님은 인간의 마음의 즐거움과 근심을 아신다. 외적 조건이 아무리 좋고 풍성해도 불안과 걱정이 많은 사람은 불행하다. 그러나 하나님을 경외하는 사람은 내적 안정감을 갖게 되므로, 바로 그가 참된 부자다.

9 악인의 길은 여호와께서 미워하셔도 공의를 따라가는 자는 그가 사랑하시느니라

10 도를 배반하는 자는 엄한 징계를 받을 것이요 견책을 싫어하는 자는 죽을 것이니라

11 스올과 아바돈도 여호와의 앞에 드러나거든 하물며 사람의 마음이리요

12 거만한 자는 견책 받기를 좋아하지 아니하며 지혜 있는 자에게로 가지도 아니하느니라

13 마음의 즐거움은 얼굴을 빛나게 하여도 마음의 근심은 심령을 상하게 하느니라

14 명철한 자의 마음은 지식을 요구하고 미련한 자의 입은 미련한 것을 즐기느니라

15 고난받는 자는 그날이 다 험악하나 마음이 즐거운 자는 항상 잔치하느니라

16 가산이 적어도 여호와를 경외하는 것이 크게 부하고 번뇌하는 것보다 나으니라

---

◈ 적용 및 기도 ◈

**오늘의 묵상** 인간의 영은 죄로 인해 죽었고, 마음은 오염되었다. 그 결과 인간은 하나님의 영적 생명력을 공급받지 못하게 되었다. 이것은 하나님과의 단절을 가져왔을 뿐 아니라 영적 생명의 결핍 현상들을 가져왔다. 마음에 일어나는 분노, 질투, 불안, 걱정, 낙심 등은 전부 이런 결핍의 증상들이다. 성령은 우리에게 하나님의 생명을 공급하신다. 성령이 우리의 마음을 온전히 다스리게 되면 우리의 마음은 성령의 열매를 맺게 된다. 물과 양분과 햇빛을 잘 공급받은 나무가 풍성한 열매를 맺듯이, 우리도 영적 생명을 잘 공급받아야 영적 열매를 맺을 수 있다. 마음에 영적 열매가 풍성하게 맺어진 사람은 걱정이나 불안 대신 기쁨과 평안을 누리게 된다.

# 잠언 15:17-24  미련한 자와 지혜로운 자의 대조되는 인생

> **본문 요약 |** 미련한 사람은 감정을 제대로 다루지 못해 관계를 깨뜨리고 게으르며 가족에게도 근심거리가 된다. 또한 공동체를 망하게 하고 적절치 못한 말을 하며 결국에는 지옥에 가게 된다. 그러나 지혜로운 사람은 관계를 회복시키며 부모의 기쁨이 되고 공동체를 세우며 결국에는 영원한 생명을 얻는다.

17 채소를 먹으며 서로 사랑하는 것이 살진 소를 먹으며 서로 미워하는 것보다 나으니라

18 분을 쉽게 내는 자는 다툼을 일으켜도 노하기를 더디 하는 자는 시비를 그치게 하느니라

19 게으른 자의 길은 가시 울타리 같으나 정직한 자의 길은 대로니라

20 지혜로운 아들은 아비를 즐겁게 하여도 미련한 자는 어미를 업신여기느니라

21 무지한 자는 미련한 것을 즐거워하여도 명철한 자는 그 길을 바르게 하느니라

22 의논이 없으면 경영이 무너지고 지략이 많으면 경영이 성립하느니라

23 사람은 그 입의 대답으로 말미암아 기쁨을 얻나니 때에 맞는 말이 얼마나 아름다운고

24 지혜로운 자는 위로 향한 생명길로 말미암음으로 그 아래에 있는 스올을 떠나게 되느니라

---

◈ 적용 및 기도 ◈

---

**오늘의 묵상**    시간은 하나님이 주신 귀한 선물 중 하나다. 따라서 귀한 자원인 시간을 잘 사용하지 못하는 사람은 미련한 사람이다. 시간 관리를 못하는 증거는 항상 바쁘거나 또는 기회만 있으면 게을러지는 것이다. 지나치게 바쁘거나 게으른 생활은 성령이 아닌 육신이 시간의 주인임을 증거하는 삶이다. 절제는 성령의 열매다. 그러므로 성령이 시간의 주인이 되도록 하는 훈련을 일상 가운데 꾸준히 해야 의미 있게 시간을 사용할 수 있다. 중요한 일뿐 아니라 일상에서도 매 순간 기도하며 성령의 인도함을 구해야 시간을 지혜롭게 사용하게 된다. 모든 사람에게 똑같이 주어진 귀한 시간으로 하나님께 아름다운 열매를 돌려 드리는 인생을 살도록 하자.

# 잠언 15:25-33

## 참된 경건을 이루는 삶

**본문 요약 ㅣ** 눈에 보이지 않지만 하나님은 세상만사와 개인의 마음까지도 살펴보고 개입하신다. 교만하고 악한 사람은 하나님이 미워하시기 때문에 심판의 대상이 된다. 그러나 하나님의 마음을 아는 의인과 여호와를 경외하는 사람들을 하나님은 기뻐하시며, 이들을 지혜와 존귀로 인도하신다.

25 여호와는 교만한 자의 집을 허시며 과부의 지계를 정하시느니라

26 악한 꾀는 여호와께서 미워하시나 선한 말은 정결하니라

27 이익을 탐하는 자는 자기 집을 해롭게 하나 뇌물을 싫어하는 자는 살게 되느니라

28 의인의 마음은 대답할 말을 깊이 생각하여도 악인의 입은 악을 쏟느니라

29 여호와는 악인을 멀리하시고 의인의 기도를 들으시느니라

30 눈이 밝은 것은 마음을 기쁘게 하고 좋은 기별은 뼈를 윤택하게 하느니라

31 생명의 경계를 듣는 귀는 지혜로운 자 가운데에 있느니라

32 훈계 받기를 싫어하는 자는 자기의 영혼을 경히 여김이라 견책을 달게 받는 자는 지식을 얻느니라

33 여호와를 경외하는 것은 지혜의 훈계라 겸손은 존귀의 길잡이니라

---

◈ 적용 및 기도 ◈

---

**오늘의 묵상**  성경에는 가난한 자들과 연약한 자들에 대한 가르침이 2,100절이 넘게 있다고 한다. 또한 하나님은 스스로 고아의 아버지가 되시며 과부의 재판장이 되신다고 말씀하셨다(시 68:5). 이렇게 많은 성경 속 언급은 악한 자들을 향한 하나님의 관심과 마음이 얼마나 큰지를 보여준다. 하나님의 사랑을 받은 사람은 그 사랑을 주변 사람에게 흘려보내야 하는 의무가 있으며, 그것이야말로 하나님을 닮아가는 참된 경건이다. 한국교회는 그동안 개인 구원과 교회 성장을 위해 달려왔다. 그 결과 많은 사람들이 구원받았고, 많은 교회들이 생겨났다. 이제는 교회가 연약한 자들을 섬기는 일에 본격적으로 눈을 돌려야 할 때다. 직접 봉사에 참여할 수 없다면 관심을 갖고 기도하며 후원하는 것으로 하나님의 사랑을 전파하는 일에 동참해야 한다.

# 잠언 16:1-11　　모든 행사를 주관하시는 하나님　　년　월　일

**본문 요약 |** 하나님은 사람의 마음을 살펴보시며 그분께 의지하는 자의 삶을 인도하신다. 하나님은 또한 악인들도 자신의 계획을 이루시는 도구로 사용하신다. 악인들은 결국 심판의 대상이 된다.

1 마음의 경영은 사람에게 있어도 말의 응답은 여호와께로부터 나오느니라

2 사람의 행위가 자기 보기에는 모두 깨끗하여도 여호와는 심령을 감찰하시느니라 3 너의 행사를 여호와께 맡기라 그리하면 네가 경영하는 것이 이루어지리라 4 여호와께서 온갖 것을 그 쓰임에 적당하게 지으셨나니 악인도 악한 날에 적당하게 하셨느니라 5 무릇 마음이 교만한 자를 여호와께서 미워하시나니 피차 손을 잡을지라도 벌을 면하지 못하리라

6 인자와 진리로 인하여 죄악이 속하게 되고 여호와를 경외함으로 말미암아 악에서 떠나게 되느니라 7 사람의 행위가 여호와를 기쁘시게 하면 그 사람의 원수라도 그와 더불어 화목하게 하시느니라 8 적은 소득이 공의를 겸하면 많은 소득이 불의를 겸한 것보다 나으니라 9 사람이 마음으로 자기의 길을 계획할지라도 그의 걸음을 인도하시는 이는 여호와시니라

10 하나님의 말씀이 왕의 입술에 있은즉 재판할 때에 그의 입이 그르치지 아니하리라 11 공평한 저울과 접시 저울은 여호와의 것이요 주머니 속의 저울추도 다 그가 지으신 것이니라

---

◈ 적용 및 기도 ◈

---

**오늘의 묵상**　　많은 성도들이 하나님의 뜻에 대해서 궁금해한다. 특별히 학교, 배우자, 직장을 선택하는 데 있어서 하나님의 뜻이 무엇인지 알기를 간절히 원한다. 인간은 미래를 알 수 없기에 전지하신 하나님의 도움을 받고자 하는 것이다. 우리가 좋은 학교에 들어가고, 문제가 없는 가정을 이루고, 직장에서 성공하는 것보다 더 중요한 하나님의 뜻이 있다. 그것은 우리가 거룩한 자가 되는 것이다. 하나님은 악인도 하나님의 백성을 거룩하게 만드는 목적을 위해 사용하신다. 또한 우리의 진로, 결혼, 직장 그리고 모든 관계를 이런 목적을 위해 사용하신다. 이것이 하나님의 뜻이고 또한 하나님이 인도하시는 길이다. 이제 하나님의 손에 자신의 인생을 온전히 맡겨 드려 그분의 뜻이 이루어지는 삶을 살아가자.

# 잠언 16:12-22

## 왕을 섬기는 자들의 태도

년    월    일

**본문 요약** ┃ 왕을 섬기는 일은 영광스러운 일이지만, 반면에 왕의 진노를 사면 생명이 위험해지기도 한다. 왕은 정직한 자를 기뻐하며 왕에게 기쁨을 가져다주는 자는 상을 얻게 된다. 왕은 공의로 나라를 굳게 세운다. 교만하면 패망하게 되고 여호와를 의지하는 자는 복을 얻는다.

12 악을 행하는 것은 왕들이 미워할 바니 이는 그 보좌가 공의로 말미암아 굳게 섬이니라 13 의로운 입술은 왕들이 기뻐하는 것이요 정직하게 말하는 자는 그들의 사랑을 입느니라 14 왕의 진노는 죽음의 사자들과 같아도 지혜로운 사람은 그것을 쉬게 하리라 15 왕의 희색은 생명을 뜻하나니 그의 은택이 늦은 비를 내리는 구름과 같으니라 16 지혜를 얻는 것이 금을 얻는 것보다 얼마나 나은고 명철을 얻는 것이 은을 얻는 것보다 더욱 나으니라 17 악을 떠나는 것은 정직한 사람의 대로이니 자기의 길을 지키는 자는 자기의 영혼을 보전하느니라 18 교만은 패망의 선봉이요 거만한 마음은 넘어짐의 앞잡이니라 19 겸손한 자와 함께하여 마음을 낮추는 것이 교만한 자와 함께하여 탈취물을 나누는 것보다 나으니라 20 삼가 말씀에 주의하는 자는 좋은 것을 얻나니 여호와를 의지하는 자는 복이 있느니라 21 마음이 지혜로운 자는 명철하다 일컬음을 받고 입이 선한 자는 남의 학식을 더하게 하느니라 22 명철한 자에게는 그 명철이 생명의 샘이 되거니와 미련한 자에게는 그 미련한 것이 징계가 되느니라

---

◈ 적용 및 기도 ◈

---

**오늘의 묵상**    예수를 믿는 자들은 모두 하늘의 왕을 섬기는 자들이다. 또한 만왕의 왕이신 예수님을 대신해 세상을 다스리는 자들이다. 따라서 예수님을 왕으로 섬기는 자들은 세상의 통치 방식이 아닌 예수님의 통치 방법을 따라야 한다. 세상의 통치는 남보다 더 많은 돈과 힘이 있어야 하고, 더 높은 자리에 올라야 한다. 그래서 세상의 통치 방법이 존재하는 곳에는 경쟁과 싸움, 미움, 억압 등이 존재한다. 우리가 우리의 왕을 가장 기쁘시게 할 수 있는 방법은 그의 삶을 따라 사는 것이다. 지금 우리는 누구나 높아지려고 경쟁하며 더 많은 힘을 가지려 하는 세상에 살고 있다. 이곳에서 예수님이 걸어가신 모습을 매일 따라 살아가는 사람만이 우리의 왕이신 예수님을 기쁘시게 할 수 있다. 이런 자에게는 영원한 생명과 하늘의 상급이 기다리고 있다.

# 잠언 16:23-33 　　　인간의 길과 하나님의 길

**본문 요약** ㅣ 지혜로운 사람은 말로 지식을 전달하고 다른 사람을 치유한다. 그러나 사람의 지혜로는 무엇이 바른길인지 판단할 수 없다. 악한 자는 갈등을 일으키며, 이웃을 해하고, 사람들에게 악한 영향력을 전달한다. 분노를 다스리는 사람은 용사보다 낫다. 우연처럼 보이는 상황에도 하나님은 개입하신다.

23 지혜로운 자의 마음은 그의 입을 슬기롭게 하고 또 그의 입술에 지식을 더하느니라

24 선한 말은 꿀송이 같아서 마음에 달고 뼈에 양약이 되느니라

25 어떤 길은 사람이 보기에 바르나 필경은 사망의 길이니라

26 고되게 일하는 자는 식욕으로 말미암아 애쓰나니 이는 그의 입이 자기를 독촉함이니라

27 불량한 자는 악을 꾀하나니 그 입술에는 맹렬한 불 같은 것이 있느니라

28 패역한 자는 다툼을 일으키고 말쟁이는 친한 벗을 이간하느니라

29 강포한 사람은 그 이웃을 꾀어 좋지 아니한 길로 인도하느니라

30 눈짓을 하는 자는 패역한 일을 도모하며 입술을 닫는 자는 악한 일을 이루느니라

31 백발은 영화의 면류관이라 공의로운 길에서 얻으리라

32 노하기를 더디 하는 자는 용사보다 낫고 자기의 마음을 다스리는 자는 성을 빼앗는 자보다 나으니라

33 제비는 사람이 뽑으나 모든 일을 작정하기는 여호와께 있느니라

---

◈ 적용 및 기도 ◈

---

**오늘의 묵상**　　하나님은 예수 그리스도를 통하지 않고는 영적 생명을 얻는 길이 없다고 성경을 통해 말씀하셨다. 창세기부터 계시록에 이르기까지 성경은 예수 그리스도를 통한 복음의 길만을 제시한다. 이것은 타협되거나 양보될 수 없다. 목수의 아들로 태어난 하나님의 아들이 십자가에서 죽은 것을 믿으면 영생을 얻는다는 것을 인간적 지혜로는 절대 받아들일 수 없다. 그래서 인간들은 더 멋진 구원의 방법이 필요하다고 생각한다. 그러나 하나님은 인간에게 가장 미련하게 보이는 방법으로 구원을 베푸셨다. 그렇기 때문에 세상의 지혜를 버린 자만이 하나님의 영적 생명인 예수 그리스도를 받아들일 수 있다. 사람들이 보기에 바르게 보이는 길이라도 그것이 인간들이 만들어 낸 길이라면 영적 사망으로 인도할 수밖에 없음을 기억하자.

# 잠언 17:1-9

## 가정의 화목함과 영광

> **본문 요약 |** 가정의 화목함은 다른 무엇보다 중요하다. 한 개인의 영광과 수치는 가족 전체에 영향을 미친다. 하나님은 인간의 마음을 연단하시며, 우리가 가난한 자를 긍휼히 여기길 원하신다. 친구 사이에는 허물을 덮어 주는 사랑이 필요하다.

1 마른 떡 한 조각만 있고도 화목하는 것이 제육이 집에 가득하고도 다투는 것보다 나으니라

2 슬기로운 종은 부끄러운 짓을 하는 주인의 아들을 다스리겠고 또 형제들 중에서 유업을 나누어 얻으리라

3 도가니는 은을, 풀무는 금을 연단하거니와 여호와는 마음을 연단하시느니라

4 악을 행하는 자는 사악한 입술이 하는 말을 잘 듣고 거짓말을 하는 자는 악한 혀가 하는 말에 귀를 기울이느니라

5 가난한 자를 조롱하는 자는 그를 지으신 주를 멸시하는 자요 사람의 재앙을 기뻐하는 자는 형벌을 면하지 못할 자니라

6 손자는 노인의 면류관이요 아비는 자식의 영화니라

7 지나친 말을 하는 것도 미련한 자에게 합당하지 아니하거든 하물며 거짓말을 하는 것이 존귀한 자에게 합당하겠느냐

8 뇌물은 그 임자가 보기에 보석 같은즉 그가 어디로 향하든지 형통하게 하느니라

9 허물을 덮어 주는 자는 사랑을 구하는 자요 그것을 거듭 말하는 자는 친한 벗을 이간하는 자니라

◈ 적용 및 기도 ◈

---

**오늘의 묵상**     우리나라에서 흔한 가훈 중 하나는 '가화만사성'이다. 그러나 이는 그만큼 화목한 가정이 드물다는 반증일 수도 있을 것이다. 과연 성도들 가운데 자신의 가정이 화목하다고 확신할 수 있는 사람들이 얼마나 될까? 사랑해서 결혼했고, 모두 행복한 가정을 원하며, 하나님을 믿기까지 하는데 왜 이렇게 가정에 불화와 문제가 많은 것일까? 첫 번째 이유는, 가정에서는 인간의 약점과 연약함이 그대로 표출되기 때문이다. 두 번째 이유는, 사탄의 공격이 가정을 깨트리는 데 집중되고 있기 때문이다. 결국 화목한 가정을 이루기 위해서는 하나님의 사랑을 배워 서로의 약점과 연약함을 용서하고 사랑해야 한다. 또한 사탄의 시험과 공격을 말씀과 기도로 싸워 나가야 한다. 개개인이 영적으로 성장하게 되면 가정의 화목은 뒤따라오게 되어 있다.

# 잠언 17:10-18 　　　미련한 자의 행위 　　　년　월　일

> **본문 요약** ｜ 미련하고 악한 자는 충고를 듣지 않고 반역을 행하며 악으로 선을 갚는 자다. 또한 그는 사소한 일로도 다툼을 시작하며 선과 악을 제대로 판단하지 못하고 지혜를 얻으려는 흉내만 낸다. 그는 앞으로 닥칠 위험도 제대로 판단하지 못한다.

10 한마디 말로 총명한 자에게 충고하는 것이 매 백 대로 미련한 자를 때리는 것보다 더욱 깊이 박히느니라

11 악한 자는 반역만 힘쓰나니 그러므로 그에게 잔인한 사자가 보냄을 받으리라

12 차라리 새끼 빼앗긴 암곰을 만날지언정 미련한 일을 행하는 미련한 자를 만나지 말 것이니라

13 누구든지 악으로 선을 갚으면 악이 그 집을 떠나지 아니하리라

14 다투는 시작은 둑에서 물이 새는 것 같은즉 싸움이 일어나기 전에 시비를 그칠 것이니라

15 악인을 의롭다 하고 의인을 악하다 하는 이 두 사람은 다 여호와께 미움을 받느니라

16 미련한 자는 무지하거늘 손에 값을 가지고 지혜를 사려 함은 어찜인고

17 친구는 사랑이 끊어지지 아니하고 형제는 위급한 때를 위하여 났느니라

18 지혜 없는 자는 남의 손을 잡고 그의 이웃 앞에서 보증이 되느니라

---

◈ 적용 및 기도 ◈

---

**오늘의 묵상** 　　세상에서는 선을 베풀어도 그것이 선으로 잘 되돌아오지 않는다. 또 손해를 보면서까지 선을 행하는 사람들을 칭찬하기는커녕 오히려 비웃고 악용하기도 한다. 그런데 성경은 악한 자에게까지 선을 행하라고 명령한다. 이것은 손해를 보고 희생을 하면서까지 선을 행하라는 말씀이다. 왜 성경은 이런 불합리한 명령을 하는 것일까? 이는 하나님의 자녀들에게 아버지의 모습을 세상에 드러낼 의무가 있기 때문이다. 우리가 세상 사람들과 똑같이 살아간다면, 그들은 우리를 통해 하나님을 볼 수 없다. 하나님은 악인에게도 해를 비추시고 비를 내리시는 분이다(마 5:45). 그러므로 그분의 자녀인 우리도 사랑받을 만한 자뿐 아니라 세상이 보기에 도저히 사랑할 수 없을 것 같은 자에게도 동일하게 하나님의 사랑과 은혜를 베풀어야 한다.

# 다툼을 일으키는 교만

**본문 요약 |** 교만한 사람은 다툼을 일으키다 스스로 망하게 된다. 혀를 잘 절제하지 못하는 사람은 재앙에 빠지나, 침묵하는 사람은 지혜롭다 여김을 받는다. 미련한 자의 부모는 자식 때문에 수치와 고통을 당한다. 뇌물을 받고 재판을 부정하게 하는 자는 악인이다.

19 다툼을 좋아하는 자는 죄과를 좋아하는 자요 자기 문을 높이는 자는 파괴를 구하는 자니라

20 마음이 굽은 자는 복을 얻지 못하고 혀가 패역한 자는 재앙에 빠지느니라

21 미련한 자를 낳는 자는 근심을 당하나니 미련한 자의 아비는 낙이 없느니라

22 마음의 즐거움은 양약이라도 심령의 근심은 뼈를 마르게 하느니라

23 악인은 사람의 품에서 뇌물을 받고 재판을 굽게 하느니라

24 지혜는 명철한 자 앞에 있거늘 미련한 자는 눈을 땅끝에 두느니라

25 미련한 아들은 그 아비의 근심이 되고 그 어미의 고통이 되느니라

26 의인을 벌하는 것과 귀인을 정직하다고 때리는 것은 선하지 못하니라

27 말을 아끼는 자는 지식이 있고 성품이 냉철한 자는 명철하니라

28 미련한 자라도 잠잠하면 지혜로운 자로 여겨지고 그의 입술을 닫으면 슬기로운 자로 여겨지느니라

◈ **적용 및 기도** ◈

---

**오늘의 묵상**  다툼과 갈등의 대부분은 교만에서 비롯된다. 세상 사람들은 자신의 의를 끝까지 주장하는 자만심을 긍지로 여기며, 이런 자존심이 없이는 이 험악한 세상을 살아갈 수 없다고 생각한다. 그러나 성도는 남에게 져주는 자이며, 또한 먼저 용서를 비는 자다. 우리의 자존심의 근거는 다른 사람과의 싸움에서 이기는 것이 아닌 하나님의 인정하심에 있다. 이것을 받아들이지 못하면 항상 자신의 의로움을 주장하며 다른 사람들과 싸우게 된다. 우리는 하나님의 인정을 유일한 자존심의 근거로 삼아야 한다. 그럴 때 우리는 남에게 우리의 잘못을 쉽게 고백하고 용서를 빌며, 이로 말미암아 평화를 가져올 수 있다. 우리는 항상 예수님이 이 땅에서 어떻게 사셨는지를 우리 삶의 기준으로 삼아야 한다.

# 잠언 18:1-8 자기 뜻만을 주장하는 사람의 미련함

> **본문 요약** ㅣ 지혜로운 사람은 자신의 유익이 아닌 공동체의 유익을 추구하며, 다른 사람들의 의견을 존중한다. 지혜자의 말은 다른 사람들에게 지속적인 유익을 가져온다. 그러나 미련한 자는 자기 말만 하기 좋아하고 다툼을 일으키며, 결국에는 자신의 영혼을 멸망에 빠트린다.

1 무리에게서 스스로 갈라지는 자는 자기 소욕을 따르는 자라 온갖 참 지혜를 배척하느니라

2 미련한 자는 명철을 기뻐하지 아니하고 자기의 의사를 드러내기만 기뻐하느니라

3 악한 자가 이를 때에는 멸시도 따라오고 부끄러운 것이 이를 때에는 능욕도 함께 오느니라

4 명철한 사람의 입의 말은 깊은 물과 같고 지혜의 샘은 솟구쳐 흐르는 내와 같으니라

5 악인을 두둔하는 것과 재판할 때에 의인을 억울하게 하는 것이 선하지 아니하니라

6 미련한 자의 입술은 다툼을 일으키고 그의 입은 매를 자청하느니라

7 미련한 자의 입은 그의 멸망이 되고 그의 입술은 그의 영혼의 그물이 되느니라

8 남의 말 하기를 좋아하는 자의 말은 별식과 같아서 뱃속 깊은 데로 내려가느니라

◈ 적용 및 기도 ◈

**오늘의 묵상**   좀처럼 자기주장과 고집을 굽히지 않는 사람들이 있다. 이런 사람들은 다른 사람들의 말을 잘 듣지 않으며, 자신의 주장이 받아들여지지 않으면 화를 내거나 함께 일하기를 거부한다. 이런 사람이 많은 공동체는 다툼이 끊이질 않으며, 그가 리더가 되면 공동체가 붕괴되기 쉽다. 본문은 이런 모습이 공동체를 생각하지 않고 자신의 소욕만을 추구하는 이기심에서 기원한다고 설명한다. 이기심은 인간의 죄성이 가장 극명하게 표출된 모습이다. 이기적인 사람은 하나님의 지혜(명철)를 거부하는 자다. 결국 자기주장만 옳다고 고집하는 태도는 미련한 자의 전형적인 모습이라고 할 수 있다. 또 이런 사람은 다툼을 일으키는 원인이 된다. 그리고 이런 갈등은 결국 자신에게도 불이익이 되며, 궁극적으로 자신의 영적 멸망까지 초래하게 된다.

# 잠언 18:9-16      의인의 견고한 망대      년   월   일

> **본문 요약** ㅣ 게으른 사람은 망하게 된다. 인간은 재물이 아닌 하나님을 안전의 근거로 삼아야 한다. 교만한 사람은 멸망하지만 겸손한 사람은 존귀를 얻는다. 지혜자는 온 마음과 몸으로 지혜를 구하며, 사심 없는 선물은 장래에 유익을 가져온다.

9   자기의 일을 게을리하는 자는 패가하는 자의 형제니라

10   여호와의 이름은 견고한 망대라 의인은 그리로 달려가서 안전함을 얻느니라

11   부자의 재물은 그의 견고한 성이라 그가 높은 성벽같이 여기느니라

12   사람의 마음의 교만은 멸망의 선봉이요 겸손은 존귀의 길잡이니라

13   사연을 듣기 전에 대답하는 자는 미련하여 욕을 당하느니라

14   사람의 심령은 그의 병을 능히 이기려니와 심령이 상하면 그것을 누가 일으키겠느냐

15   명철한 자의 마음은 지식을 얻고 지혜로운 자의 귀는 지식을 구하느니라

16   사람의 선물은 그의 길을 넓게 하며 또 존귀한 자 앞으로 그를 인도하느니라

◈ 적용 및 기도 ◈

**오늘의 묵상**    사람은 두려움과 욕망을 통해 어떤 대상과 관계를 맺는다. 사람이 두려움과 욕망에서 벗어날 수 있는 길은 하나뿐이다. 바로 하나님을 유일한 두려움과 사랑의 대상으로 삼는 것이다. 하나님만을 두려워할 때 세상의 힘과 사람들을 두려워하지 않게 된다. 하나님만을 사랑할 때 세상의 거짓된 것들을 사랑하느라 인생을 낭비하지 않게 된다. 하나님이 성도의 견고한 망대가 되신다는 약속은 믿음을 가진 사람에게만 유효하다. 사람은 짧은 인생을 끝으로 결국 자신이 가진 모든 것을 두고 떠나야 한다. 그러나 하나님을 두려워하고 사랑하는 사람은 영원한 생명을 맛볼 것이다. 그뿐 아니라 이 요동하는 세상 가운데서도 하나님으로 인한 견고함과 확신을 갖고 살아가게 될 것이다.

# 잠언 18:17-24　　하나님의 선물인 좋은 배우자　　년　월　일

**본문 요약 ㅣ** 성급하게 판단하는 것을 피하고, 결정하기 어려운 상황에서는 하나님께 맡길 수 있는 지혜가 필요하다. 지혜로운 아내를 얻은 사람은 하나님의 복을 받은 것이다. 재물은 힘이 있지만 진정한 관계는 돈으로 살 수 없다.

17 송사에서는 먼저 온 사람의 말이 바른 것 같으나 그의 상대자가 와서 밝히느니라

18 제비 뽑는 것은 다툼을 그치게 하여 강한 자 사이에 해결하게 하느니라

19 노엽게 한 형제와 화목하기가 견고한 성을 취하기보다 어려운즉 이러한 다툼은 산성 문빗장 같으니라

20 사람은 입에서 나오는 열매로 말미암아 배부르게 되나니 곧 그의 입술에서 나는 것으로 말미암아 만족하게 되느니라

21 죽고 사는 것이 혀의 힘에 달렸나니 혀를 쓰기 좋아하는 자는 혀의 열매를 먹으리라

22 아내를 얻는 자는 복을 얻고 여호와께 은총을 받는 자니라

23 가난한 자는 간절한 말로 구하여도 부자는 엄한 말로 대답하느니라

24 많은 친구를 얻는 자는 해를 당하게 되거니와 어떤 친구는 형제보다 친밀하니라

---

◆ 적용 및 기도 ◆

---

**오늘의 묵상**　　인생에서 중요한 만남 중 하나는 배우자와의 만남이다. 어떤 아내, 어떤 남편을 만나느냐에 따라 인생이 달라진다. 사람들은 배우자를 찾기 위해 열심히 기도하고 노력한다. 그러나 막상 결혼을 하면 하나님의 선하신 인도하심을 인정하지 않는 경우가 많다. 상대가 자신이 기대했던 모습과 다름을 깨닫게 되고, 예상치 못했던 갈등을 경험하게 되기 때문이다. 결혼한 뒤에 배우자의 문제와 약점을 발견했다고 해서, 그가 나쁜 배우자라고 단정하고 하나님을 원망해서는 안 된다. 배우자를 만날 때 기도함으로 하나님의 인도하심을 받았다면, 비록 결혼 후에 갈등이 있더라도 그 문제만을 보고 한탄하기보다 믿음으로 하나님의 인도하심을 더욱 간구해야 한다. 믿음으로 하나님이 좋은 배우자를 주셨음을 감사하면 배우자를 진실로 이해하고 사랑하는 데까지 많은 시간을 절약할 수 있다.

# 잠언 19:1-9　　　이기심에 근거를 둔 허망한 관계　　　년　월　일

> **본문 요약 |** 재물이 아닌 지혜로 사람을 판단해야 한다. 목적 없이 마음이 급한 사람은 실수하게 되며, 미련한 자는 그러한 자신의 실수를 하나님 탓으로 돌린다. 재물과 유익을 기반으로 한 관계는 진실할 수 없고, 거짓 증인은 반드시 벌을 받게 된다. 그러나 지혜를 얻는 자는 영혼에 유익을 얻고 복을 받는다.

1 가난하여도 성실하게 행하는 자는 입술이 패역하고 미련한 자보다 나으니라

2 지식 없는 소원은 선하지 못하고 발이 급한 사람은 잘못 가느니라

3 사람이 미련하므로 자기 길을 굽게 하고 마음으로 여호와를 원망하느니라

4 재물은 많은 친구를 더하게 하나 가난한즉 친구가 끊어지느니라

5 거짓 증인은 벌을 면하지 못할 것이요 거짓말을 하는 자도 피하지 못하리라

6 너그러운 사람에게는 은혜를 구하는 자가 많고 선물 주기를 좋아하는 자에게는 사람마다 친구가 되느니라

7 가난한 자는 그의 형제들에게도 미움을 받거든 하물며 친구야 그를 멀리하지 아니하겠느냐 따라가며 말하려 할지라도 그들이 없어졌으리라

8 지혜를 얻는 자는 자기 영혼을 사랑하고 명철을 지키는 자는 복을 얻느니라

9 거짓 증인은 벌을 면하지 못할 것이요 거짓말을 뱉는 자는 망할 것이니라

---

◈ **적용 및 기도** ◈

---

**오늘의 묵상**　　권세자나 부자 주변에는 사람들이 많이 모여들기 마련이다. 반면에, 가진 것이 없는 사람은 인기가 없을 뿐 아니라 많이 가진 자에게 무시당하기 일쑤다. 사람들에게 인정받는 것은 인간의 가장 큰 욕구다. 그렇기 때문에 사람들은 돈이나 지위, 외모 같은 외적인 힘에 집착하는 것이다. 하지만 외적인 힘으로 얻은 인기는 허망한 것으로, 본서는 그러한 세상의 풍조를 경계한다. 힘 있는 자 주변에 사람이 모이는 것은 각자의 이익을 얻기 위한 것으로, 이들과는 진실하고 깊은 관계를 맺을 수 없다. 이들은 힘을 가진 자가 그 힘을 잃어버리면 순식간에 떠나 버린다. 이런 피상적인 관계는 인간의 영혼에 더 큰 갈증과 불만족을 가져올 수밖에 없으며, 따라서 인기는 깊은 공허감을 동반하게 되어 있다.

# 잠언 19:10-19  노하기를 더디 하는 지혜로운 사람

> **본문 요약 |** 재물이나 권력은 그것을 제대로 사용할 능력이 있는 사람에게 주어져야 한다. 노하기를 더디 하는 사람은 지혜로우며, 왕을 섬길 때는 진노가 아닌 은혜를 얻기 위해 애써야 한다. 미련한 아들은 재앙이지만 슬기로운 아내는 하나님의 복이다.

10 미련한 자가 사치하는 것이 적당하지 못하거든 하물며 종이 방백을 다스림이냐

11 노하기를 더디 하는 것이 사람의 슬기요 허물을 용서하는 것이 자기의 영광이니라

12 왕의 노함은 사자의 부르짖음 같고 그의 은택은 풀 위의 이슬 같으니라

13 미련한 아들은 그의 아비의 재앙이요 다투는 아내는 이어 떨어지는 물방울이니라

14 집과 재물은 조상에게서 상속하거니와 슬기로운 아내는 여호와께로서 말미암느니라

15 게으름이 사람으로 깊이 잠들게 하나니 태만한 사람은 주릴 것이니라

16 계명을 지키는 자는 자기의 영혼을 지키거니와 자기의 행실을 삼가지 아니하는 자는 죽으리라

17 가난한 자를 불쌍히 여기는 것은 여호와께 꾸어 드리는 것이니 그의 선행을 그에게 갚아 주시리라

18 네가 네 아들에게 희망이 있은즉 그를 징계하되 죽일 마음은 두지 말지니라

19 노하기를 맹렬히 하는 자는 벌을 받을 것이라 네가 그를 건져 주면 다시 그런 일이 생기리라

◈ 적용 및 기도 ◈

---

**오늘의 묵상**　분노는 우리가 전지전능하지 않고 한계를 가진 인간임을 가장 잘 보여주는 감정이다. 사람들은 다른 사람이나 상황이 마음에 들지 않기 때문에 화를 낸다. 이 말은 그 사람이 다른 사람이나 변화된 상황을 받아들이지 못할 만큼 마음이 좁다는 의미다. 그리고 그렇게 마음의 틀이 좁은 원인은 두려움 때문이다. 사람들은 내적 두려움이 클수록 자신의 삶과 태도를 바꾸기 싫어한다. 겨우 안정을 유지하는 자신의 영역에 스스로 통제할 수 없는 요인이 들어오면 불안해지기 때문이다. 그래서 이런 사람들은 불안감을 분노로 표출하여 자신이 강한 존재인 것처럼 가장한다. 분노는 다양한 관계에 부정적 영향을 미치는 감정이다. 습관적 분노는 결국 관계들을 무너뜨리고 스스로 고립되는 치명적 결과를 가져온다.

# 잠언 19:20-29    꾸준하게 이루어 가는 영적 성장

**본문 요약** ┃ 권고를 들으며 훈계를 받으면 반드시 지혜롭게 된다. 하나님의 뜻은 항상 성취되며, 그분을 경외하면 생명을 얻는다. 게으른 자는 노력하기를 거부한다. 그러나 지식을 얻도록 사람들을 책망해야 한다. 불효하는 자식은 심판을 받는다. 교훈을 사모해 지식을 계속 얻어야 한다.

20 너는 권고를 들으며 훈계를 받으라 그리하면 네가 필경은 지혜롭게 되리라

21 사람의 마음에는 많은 계획이 있어도 오직 여호와의 뜻만이 완전히 서리라

22 사람은 자기의 인자함으로 남에게 사모함을 받느니라 가난한 자는 거짓말하는 자보다 나으니라

23 여호와를 경외하는 것은 사람으로 생명에 이르게 하는 것이라 경외하는 자는 족하게 지내고 재앙을 당하지 아니하느니라

24 게으른 자는 자기의 손을 그릇에 넣고서도 입으로 올리기를 괴로워하느니라

25 거만한 자를 때리라 그리하면 어리석은 자도 지혜를 얻으리라 명철한 자를 견책하라 그리하면 그가 지식을 얻으리라

26 아비를 구박하고 어미를 쫓아내는 자는 부끄러움을 끼치며 능욕을 부르는 자식이니라

27 내 아들아 지식의 말씀에서 떠나게 하는 교훈을 듣지 말지니라

28 망령된 증인은 정의를 업신여기고 악인의 입은 죄악을 삼키느니라

29 심판은 거만한 자를 위하여 예비된 것이요 채찍은 어리석은 자의 등을 위하여 예비된 것이니라

◆ **적용 및 기도** ◆

---

**오늘의 묵상**   신앙의 성장은 오랜 시간에 걸쳐 이루어지는 것이다. 아브라함은 하나님의 집중적인 은혜를 경험했지만, 그가 아들을 바칠 수 있게 되기까지는 45년 이상이 걸렸다. 야곱은 많은 고난을 겪으며 변화되었지만, 그의 포기와 변화가 끝이 난 것은 130세가 되었을 때였다. 본서가 말하는 지혜는 단순한 성경적 지식을 습득하는 것이 아닌, 하나님의 뜻과 영적 원리를 따라 살아가는 실제적이고 경험적인 지혜를 의미한다. 세상의 어떤 분야에서 전문가가 되는 데 10년이 걸린다면, 탁월한 영성과 거룩한 삶을 가능케 하는 지혜자가 되기 위해서는 더 많은 시간이 필요하다. 영적 성장은 느린 것 같아도 계속 말씀을 사모하고 그것에 순종하다 보면, 언젠가는 반드시 영적으로 성장하여 지혜로운 사람이 될 수 있다.

# 잠언 20:1-10 미련한 사람과 의인

년 월 일

**본문 요약 ㅣ** 술 취하는 사람과 다투는 사람은 미련한 자다. 또한 게으른 사람은 미래를 위해 현재를 희생할 줄 모른다. 그러나 지혜로운 사람은 다른 사람의 생각과 동기를 알아챈다. 충성된 사람은 찾기 어렵지만, 온전하게 행하는 의인의 후손은 복이 있다. 인간의 마음은 부패했으나 하나님은 공정한 상거래를 기뻐하신다.

1 포도주는 거만하게 하는 것이요 독주는 떠들게 하는 것이라 이에 미혹되는 자마다 지혜가 없느니라

2 왕의 진노는 사자의 부르짖음 같으니 그를 노하게 하는 것은 자기의 생명을 해하는 것이니라

3 다툼을 멀리 하는 것이 사람에게 영광이거늘 미련한 자마다 다툼을 일으키느니라

4 게으른 자는 가을에 밭 갈지 아니하나니 그러므로 거둘 때에는 구걸할지라도 얻지 못하리라

5 사람의 마음에 있는 모략은 깊은 물 같으니라 그럴지라도 명철한 사람은 그것을 길어 내느니라

6 많은 사람이 각기 자기의 인자함을 자랑하나니 충성된 자를 누가 만날 수 있으랴

7 온전하게 행하는 자가 의인이라 그의 후손에게 복이 있느니라

8 심판 자리에 앉은 왕은 그의 눈으로 모든 악을 흩어지게 하느니라

9 내가 내 마음을 정하게 하였다 내 죄를 깨끗하게 하였다 할 자가 누구냐

10 한결같지 않은 저울추와 한결같지 않은 되는 다 여호와께서 미워하시느니라

◈ 적용 및 기도 ◈

**오늘의 묵상** 성도가 사회생활을 할 때 가장 갈등을 겪는 문제 중의 하나는 술이다. 세상 사람들이 기독교인에게 술을 권하는 것은 이 기회를 통해 그가 진짜인지 가짜인지를 확인해 보려는 속셈 때문이다. 분위기나 압력에 의해서 술을 마시는 순간, 세상 사람들은 그를 가짜로 낙인찍는다. 그리고 그 사람은 술뿐 아니라 세상의 악한 문화에 참여할 것을 요구받게 된다. 모든 공동체에서의 첫 모임에서 이후의 삶이 결정된다. 첫 번 술자리에서 지혜롭고 확신 있게 자신의 정체성과 결심을 밝혀야 한다. 진짜 성도임이 확인되면 이후로는 더 이상 술로 귀찮게 하지 않는다. 그렇게 될 때, 억지로 술을 마시는 부자유한 삶에서 자유로워질 수 있다. 진짜 크리스천으로 증명된 자는 또 다른 유혹에도 넘어가지 않을 수 있다. 이런 사람이 선배가 되고 경력자가 될 때 공동체의 분위기를 완전히 바꿀 수 있다.

# 잠언 20:11-20　　하나님을 위해 사용되어야 하는 몸　　년　월　일

**본문 요약 ┃** 아이 때부터 잘 교육하는 것이 중요하다. 하나님이 지으신 우리의 몸을 하나님을 위해 부지런히 사용해야 한다. 사람들의 이중적인 말을 분별하는 지혜가 필요하고, 수다쟁이를 멀리해야 한다. 지혜로운 말은 참 귀하다. 악한 방법으로 이익을 추구하는 것은 반드시 악한 결과를 가져오기 때문에 위기의 순간에도 침착하게 결정해야 한다.

11 비록 아이라도 자기의 동작으로 자기 품행이 청결한 여부와 정직한 여부를 나타내느니라

12 듣는 귀와 보는 눈은 다 여호와께서 지으신 것이니라

13 너는 잠자기를 좋아하지 말라 네가 빈궁하게 될까 두려우니라 네 눈을 뜨라 그리하면 양식이 족하리라

14 물건을 사는 자가 좋지 못하다 좋지 못하다 하다가 돌아간 후에는 자랑하느니라

15 세상에 금도 있고 진주도 많거니와 지혜로운 입술이 더욱 귀한 보배니라

16 타인을 위하여 보증 선 자의 옷을 취하라 외인들을 위하여 보증 선 자는 그의 몸을 볼모 잡을지니라

17 속이고 취한 음식물은 사람에게 맛이 좋은 듯하나 후에는 그의 입에 모래가 가득하게 되리라

18 경영은 의논함으로 성취하나니 지략을 베풀고 전쟁할지니라

19 두루 다니며 한담하는 자는 남의 비밀을 누설하나니 입술을 벌린 자를 사귀지 말지니라

20 자기의 아비나 어미를 저주하는 자는 그의 등불이 흑암 중에 꺼짐을 당하리라

◈ 적용 및 기도 ◈

**오늘의 묵상**　　우리의 눈과 귀를 하나님이 만드셨다는 말씀은 우리의 창조 목적을 돌아보게 한다. 모든 창조물은 그 지어진 목적에 맞게 살 때 가장 큰 의미와 만족을 누리게 된다. 하나님의 창조물인 인간은 하나님을 위해 살아갈 때 가장 기쁘고 만족할 수 있다. 그런데 인간이 하나님을 위해 살아가는 데 큰 방해 요소가 있다. 바로 인간의 죄악 된 육신이다. 죄로 타락한 영혼이 아니었다면 우리의 육신은 하나님을 기쁘시게 하는 데 온전히 사용되었을 것이다. 하나님을 통해서만 만족을 얻도록 만들어진 인간의 영혼은 감각적이고 육신적인 것으로 절대 채워질 수 없다. 우리의 오감으로 무엇을 만족시키며 살고 있는지 자신을 돌아보자. 성도는 오감까지도 하나님을 위해 사용하도록 훈련해야 한다.

# 잠언 20:21-30    지혜를 배운 뒤에 얻어야 할 재물과 성공

> **본문 요약 ㅣ** 지혜를 배우기 전에 얻은 재물은 복이 되지 못한다. 악에 대한 심판은 하나님께 맡겨야 하며, 인생길은 하나님의 주권 아래 존재함을 알아야 한다. 또한 함부로 서원하지 말아야 한다. 지혜로운 왕은 악인을 잘 분별하며, 인자와 진리를 행하는 왕권은 견고하다. 젊은이는 힘이, 노인은 지혜와 경험이 장점이다.

21 처음에 속히 잡은 산업은 마침내 복이 되지 아니하느니라

22 너는 악을 갚겠다 말하지 말고 여호와를 기다리라 그가 너를 구원하시리라

23 한결같지 않은 저울추는 여호와께서 미워하시는 것이요 속이는 저울은 좋지 못한 것이니라

24 사람의 걸음은 여호와로 말미암나니 사람이 어찌 자기의 길을 알 수 있으랴

25 함부로 이 물건은 거룩하다 하여 서원하고 그 후에 살피면 그것이 그 사람에게 덫이 되느니라

26 지혜로운 왕은 악인들을 키질하며 타작하는 바퀴를 그들 위에 굴리느니라

27 사람의 영혼은 여호와의 등불이라 사람의 깊은 속을 살피느니라

28 왕은 인자와 진리로 스스로 보호하고 그의 왕위도 인자함으로 말미암아 견고하니라

29 젊은 자의 영화는 그의 힘이요 늙은 자의 아름다움은 백발이니라

30 상하게 때리는 것이 악을 없이하나니 매는 사람 속에 깊이 들어가느니라

◈ 적용 및 기도 ◈

---

**오늘의 묵상**    젊을 때 갑자기 성공하면 사람들의 갑작스런 관심과 인기를 얻게 된다. 그렇기 때문에 자신을 통찰하며 지혜를 얻고 내면이 성장하는 기회를 빼앗기기 쉽다. 이것은 결국 그 사람을 파멸로 이끄는 지름길이 된다. 이 시대에는 연예인을 꿈꾸는 젊은이들이 아주 많다. 유명 연예인이 되면 단번에 인기와 돈, 영향력을 모두 얻을 수 있기 때문이다. 또한 연예인이 될 수는 없더라도 그런 연예인들을 동경하며 부러워하는 사람들이 대부분이다. 이것은 지혜가 아닌 미련함을 추구하는 이 시대의 풍조를 보여주는 것이다. 성실하게 지혜를 배우고 인생의 경험을 통해 성장한 사람에게는 하나님이 필요한 자원들을 주신다. 잘 준비된 사람에게 주어진 성공과 지위와 재산만이 값지고 아름답게 사용될 수 있다. 그 사람 또한 그것들을 통해 하나님을 기쁘시게 할 수 있다.

# 잠언 21:1-10　의로운 수단을 통해 얻어지는 결과　　년　월　일

> **본문 요약 |** 왕의 마음도 하나님의 손에 있으며, 공의와 정의를 행하는 것은 하나님을 기쁘시게 한다. 교만한 악인이 형통한 것은 죄이며, 부지런하게 경영해야 풍부해진다. 속여 얻은 재물은 무익하다. 악인의 강포는 자기 자신을 망하게 하고, 죄인은 구부러진 길을 택한다.

1 왕의 마음이 여호와의 손에 있음이 마치 봇물과 같아서 그가 임의로 인도하시느니라

2 사람의 행위가 자기 보기에는 모두 정직하여도 여호와는 마음을 감찰하시느니라

3 공의와 정의를 행하는 것은 제사드리는 것보다 여호와께서 기쁘게 여기시느니라

4 눈이 높은 것과 마음이 교만한 것과 악인이 형통한 것은 다 죄니라

5 부지런한 자의 경영은 풍부함에 이를 것이나 조급한 자는 궁핍함에 이를 따름이니라

6 속이는 말로 재물을 모으는 것은 죽음을 구하는 것이라 곧 불려 다니는 안개니라

7 악인의 강포는 자기를 소멸하나니 이는 정의를 행하기 싫어함이니라

8 죄를 크게 범한 자의 길은 심히 구부러지고 깨끗한 자의 길은 곧으니라

9 다투는 여인과 함께 큰 집에서 사는 것보다 움막에서 사는 것이 나으니라

10 악인의 마음은 남의 재앙을 원하나니 그 이웃도 그 앞에서 은혜를 입지 못하느니라

---

◈ 적용 및 기도 ◈

---

**오늘의 묵상**　　본문의 3-6절이 공통적으로 제시하는 주제는, 성도는 의롭고 정직한 수단을 사용해서 목적을 성취해야 한다는 것이다. 세상 사람들은 목적이 수단을 정당화할 수 있다고 생각한다. 그러나 성경은 거룩한 목적은 반드시 거룩한 수단을 사용해서 성취해야 한다고 가르친다. 왜냐하면 하나님은 그분의 뜻과 성품에 따라 행하는 자와 함께하시고 그를 축복하시기 때문이다. 만약 성도가 세상의 악한 수단을 사용한다면 축복은 고사하고 징계를 받게 된다. 성도에게는 성공과 부요를 얻는 것보다 그것을 추구하는 과정에서 하나님과 동행하며 하나님의 거룩한 성품을 배우는 것이 훨씬 중요하다. 성도가 거룩을 포기함으로 하나님이 함께하시지 않는 것이 성도의 가장 큰 불행이며 고통임을 잊지 말아야 한다.

# 잠언 21:11-20    미래를 예비하는 지혜로운 사람        년    월    일

**본문 요약 |** 하나님은 악인을 감찰하시고 심판하신다. 자비를 베풀지 않는 자는 심판의 때에 자비를 얻을 수 없다. 정의가 구현되면 의인과 악인이 드러난다. 명철을 버리면 죽음에 이르고, 현재적 연락(쾌락)을 즐기면 가난해진다. 악인은 의인의 유익을 위해 사용된다. 지혜로운 사람은 아끼고 저축하여 미래를 예비한다.

11 거만한 자가 벌을 받으면 어리석은 자도 지혜를 얻겠고 지혜로운 자가 교훈을 받으면 지식이 더하리라

12 의로우신 자는 악인의 집을 감찰하시고 악인을 환난에 던지시느니라

13 귀를 막고 가난한 자가 부르짖는 소리를 듣지 아니하면 자기가 부르짖을 때에도 들을 자가 없으리라

14 은밀한 선물은 노를 쉬게 하고 품 안의 뇌물은 맹렬한 분을 그치게 하느니라

15 정의를 행하는 것이 의인에게는 즐거움이요 죄인에게는 패망이니라

16 명철의 길을 떠난 사람은 사망의 회중에 거하리라

17 연락을 좋아하는 자는 가난하게 되고 술과 기름을 좋아하는 자는 부하게 되지 못하느니라

18 악인은 의인의 속전이 되고 사악한 자는 정직한 자의 대신이 되느니라

19 다투며 성내는 여인과 함께 사는 것보다 광야에서 사는 것이 나으니라

20 지혜 있는 자의 집에는 귀한 보배와 기름이 있으나 미련한 자는 이것을 다 삼켜 버리느니라

---

◈ 적용 및 기도 ◈

---

**오늘의 묵상**    만일 미래에 영원한 심판과 상급이 존재하지 않는다면, 성도가 이 땅에서 희생하고 선을 행하며 사는 것은 무의미할 것이다. 오히려 영적 미래를 내다보지 않고 현재의 쾌락을 즐기는 자가 더 현명하게 보일 수 있다. 성경은 미래적 심판을 염두에 두지 않는 자가 미련한 자라고 가르친다. 왜냐하면 의로우신 주님이 심판자로 임하셔서 이 땅에서의 모든 삶을 판결하실 때가 반드시 이를 것이기 때문이다. 이 땅에서 살아가지만 하나님이 약속하신 영원한 나라를 믿음으로 받아들인 의인은 이 땅에서 미래를 준비할 수 있다. 하나님은 미래가 어떻게 될 것인지 성경에 명백하게 밝혀 놓으셨다. 이것을 믿는 자는 자신의 쾌락을 위해 살거나 악을 행하는 삶을 살지 않을 수 있다. 결국 성도의 윤리적 수준은 믿음의 수준과 일치한다.

# 잠언 21:21-31 　　온전한 신앙생활　　년　월　일

**본문 요약** ㅣ 공의와 인자를 따라 사는 사람은 생명과 공의와 영광을 얻는다. 지혜가 힘보다 나으며, 자기 입과 혀를 지키는 사람은 환난 가운데서도 안전하다. 마음이 교만한 사람은 망령되이 행동하고, 게으른 사람은 원하는 것을 얻지 못한다. 하나님은 온전한 삶이 바탕이 된 종교 행위를 받으신다. 하나님의 지혜와 힘을 인간은 이길 수 없다.

21 공의와 인자를 따라 구하는 자는 생명과 공의와 영광을 얻느니라

22 지혜로운 자는 용사의 성에 올라가서 그 성이 의지하는 방벽을 허느니라

23 입과 혀를 지키는 자는 자기의 영혼을 환난에서 보전하느니라

24 무례하고 교만한 자를 이름하여 망령된 자라 하나니 이는 넘치는 교만으로 행함이니라

25 게으른 자의 욕망이 자기를 죽이나니 이는 자기의 손으로 일하기를 싫어함이니라

26 어떤 자는 종일토록 탐하기만 하나 의인은 아끼지 아니하고 베푸느니라

27 악인의 제물은 본래 가증하거든 하물며 악한 뜻으로 드리는 것이랴

28 거짓 증인은 패망하려니와 확실히 들은 사람의 말은 힘이 있느니라

29 악인은 자기의 얼굴을 굳게 하나 정직한 자는 자기의 행위를 삼가느니라

30 지혜로도 못하고, 명철로도 못하고 모략으로도 여호와를 당하지 못하느니라

31 싸울 날을 위하여 마병을 예비하거니와 이김은 여호와께 있느니라

---

◈ **적용 및 기도** ◈

---

**오늘의 묵상**　　성도가 영적 생명력을 잃어버리면 종교적 율법주의와 형식주의에 빠지기 쉬우며, 이들은 삶과 종교 생활이 분리된 이중적 모습을 보이게 된다. 즉, 예배와 봉사, 헌금 등의 종교 행위는 열심히 하지만, 그 외의 삶에서는 하나님과 관계없이 자기 마음대로 사는 것이다. 우리가 율법주의와 형식주의에서 벗어나기 위해서는 삶에서 예수님의 생명을 충만히 경험해야 한다. 예수님의 생명을 경험하는 길은 단 한 가지, 예수님이 말씀하신 대로 자기 십자가를 지고 예수님을 따라 사는 것뿐이다. 세상 속에서 예수님처럼 사는 것은 우리의 욕망과 자아, 뜻과 의지를 죽이는 것을 의미한다. 그리고 이는 사랑할 수 없는 자를 사랑하는 것으로 이어진다. 이런 삶은 고통스럽고 힘들지만, 바로 이런 자리에 예수님의 참 생명과 은혜가 부어진다.

**본문 요약** ｜ 명예와 은총이 재물보다 중요하다. 하나님은 가난한 자와 부한 자 모두를 지으셨으므로 가난한 자를 불쌍히 여기고 도와야 한다. 겸손과 여호와를 경외함의 보상은 재물과 영광과 생명을 얻는 것이다. 악을 뿌리면 악을 거두고, 선을 행하면 선을 거두게 된다.

1 많은 재물보다 명예를 택할 것이요 은이나 금보다 은총을 더욱 택할 것이니라

2 가난한 자와 부한 자가 함께 살거니와 그 모두를 지으신 이는 여호와시니라

3 슬기로운 자는 재앙을 보면 숨어 피하여도 어리석은 자는 나가다가 해를 받느니라

4 겸손과 여호와를 경외함의 보상은 재물과 영광과 생명이니라

5 패역한 자의 길에는 가시와 올무가 있거니와 영혼을 지키는 자는 이를 멀리하느니라

6 마땅히 행할 길을 아이에게 가르치라 그리하면 늙어도 그것을 떠나지 아니하리라

7 부자는 가난한 자를 주관하고 빚진 자는 채주의 종이 되느니라

8 악을 뿌리는 자는 재앙을 거두리니 그 분노의 기세가 쇠하리라

---

◈ 적용 및 기도 ◈

---

**오늘의 묵상**　진정한 겸손은 모든 좋은 것이 하나님께로부터 주어진 것임을 인정하는 것으로, 진짜 겸손한 사람은 생명과 능력, 장점, 재능 등의 모든 것이 자신의 것이 아닌 하나님의 선물임을 확실하게 알고 있다. 그렇기 때문에 누군가에게 칭찬을 들었을 때 그것을 자신에 대한 칭찬으로 받아들이지 않는다. 하나님의 선물이 자신의 삶을 통해 드러나게 되었기 때문에 진정으로 기뻐하며 하나님께 감사한다. 또한 겸손한 사람은 자신이 하나님의 은혜 없이는 불완전하고 미숙할 수밖에 없는 존재임을 인정하기 때문에 자신에 대한 부정적인 평가에도 크게 요동하지 않는다. 오히려 하나님의 온전한 은혜를 사모하는 마음을 갖는다. 참된 겸손은 하나님이 더러운 죄인인 우리에게 예수님을 선물로 주셨다는 사실을 온전히 깨닫게 되는 데서 시작된다.

# 잠언 22:9-16

## 덕스러운 말의 유익

년  월  일

> **본문 요약** ㅣ 선한 눈을 가진 자는 가난한 자를 돌봄으로 복을 받는다. 다툼은 거만한 자 때문에 일어나게 되나, 마음이 정결한 자는 덕스러운 말을 함으로 임금의 친구가 된다. 게으른 자는 수고하기를 꺼리며, 자기 이익만을 위해 사는 자는 오히려 손해를 보게 된다.

9 선한 눈을 가진 자는 복을 받으리니 이는 양식을 가난한 자에게 줌이니라

10 거만한 자를 쫓아내면 다툼이 쉬고 싸움과 수욕이 그치느니라

11 마음의 정결을 사모하는 자의 입술에는 덕이 있으므로 임금이 그의 친구가 되느니라

12 여호와의 눈은 지식 있는 사람을 지키시나 사악한 사람의 말은 패하게 하시느니라

13 게으른 자는 말하기를 사자가 밖에 있은즉 내가 나가면 거리에서 찢기겠다 하느니라

14 음녀의 입은 깊은 함정이라 여호와의 노를 당한 자는 거기 빠지리라

15 아이의 마음에는 미련한 것이 얽혔으나 징계하는 채찍이 이를 멀리 쫓아내리라

16 이익을 얻으려고 가난한 자를 학대하는 자와 부자에게 주는 자는 가난하여질 뿐이니라

---

◈ **적용 및 기도** ◈

---

**오늘의 묵상**　　마음의 정결을 사모하는 자의 관심은 말에 있지 않고 자신의 마음 상태에 있다. 마음은 인간이 통제하거나 바꿀 수 없기에 우리가 할 수 있는 것은 마음의 정결함을 사모하며 기도하는 것이다. 우리가 간절한 사모함으로 기도하며 성령님의 도우심을 구할 때, 성령님은 우리의 마음을 다스리시고 거룩하게 만들어 가신다. 또한 우리는 끊임없이 하나님의 말씀을 가까이하여 마음에 말씀을 채워야 한다. 마음에 담겨진 말씀은 우리의 마음과 생각이 하나님의 마음과 생각에 일치되도록 이끄는 역할을 한다. 이런 모든 것은 정결한 마음에서 우러나오는 덕스러운 입술을 사모하는 것에서부터 시작된다. 이렇게 마음이 정결하여 덕스러운 말을 하는 자는 세상의 임금뿐 아니라 만왕의 왕이신 하나님과도 더 가까운 관계를 맺게 될 것이다.

**본문 요약 |** 지혜를 잘 배운 사람은 하나님을 의뢰할 수 있고, 다른 사람에게 그 지혜로운 말씀을 잘 전달할 수 있다. 그런 지혜로운 사람은 약하고 곤고한 자들을 착취하지 않고, 노를 품는 자와 어울리지도 않는다. 또한 경솔하게 빚보증을 서지 않으며, 자신의 일을 성실하게 수행한다.

17 너는 귀를 기울여 지혜 있는 자의 말씀을 들으며 내 지식에 마음을 둘지어다 18 이것을 네 속에 보존하며 네 입술 위에 함께 있게 함이 아름다우니라 19 내가 네게 여호와를 의뢰하게 하려 하여 이것을 오늘 특별히 네게 알게 하였노니 20 내가 모략과 지식의 아름다운 것을 너를 위해 기록하여 21 네가 진리의 확실한 말씀을 깨닫게 하며 또 너를 보내는 자에게 진리의 말씀으로 회답하게 하려 함이 아니냐 22 약한 자를 그가 약하다고 탈취하지 말며 곤고한 자를 성문에서 압제하지 말라 23 대저 여호와께서 신원하여 주시고 또 그를 노략하는 자의 생명을 빼앗으시리라

24 노를 품는 자와 사귀지 말며 울분한 자와 동행하지 말지니 25 그의 행위를 본받아 네 영혼을 올무에 빠뜨릴까 두려움이니라 26 너는 사람과 더불어 손을 잡지 말며 남의 빚에 보증을 서지 말라 27 만일 갚을 것이 네게 없으면 네 누운 침상도 빼앗길 것이라 네가 어찌 그리하겠느냐

28 네 선조가 세운 옛 지계석을 옮기지 말지니라 29 네가 자기의 일에 능숙한 사람을 보았느냐 이러한 사람은 왕 앞에 설 것이요 천한 자 앞에 서지 아니하리라

---

◈ 적용 및 기도 ◈

---

**오늘의 묵상**    자기 일에 능숙해지기 위해서는 얼마만큼의 시간과 노력이 필요할까? 심리학자 K. 안데르스 에릭손은 20대의 바이올린 연주자들을 조사하여 '1만 시간의 법칙'이라는 이론을 발표했다. 이 1만 시간의 법칙은 영적인 영역에도 적용될 수 있다. 즉, 세상에 영적 영향력을 미칠 수 있는 탁월한 성도가 되기 위해서도 1만 시간 정도의 영적 훈련이 필요하다는 것이다. 신앙의 성장은 단번에 이루어지지 않는다. 그렇기 때문에 어쩌다 한 번 참여하는 수련회나 부흥회보다는 매일 꾸준히 신앙 훈련을 해 나가는 것이 더 중요하다. 매일 큐티(QT)와 기도를 빼먹지 않고, 공예배에 빠지지 않으며, 신앙 훈련의 다양한 기회를 찾아 꾸준한 훈련을 받을 때 영적으로 건강하고 탁월한 하나님의 사람으로 성장하게 될 것이다.

> **본문 요약 |** 관원은 음식을 베풀고는 절제를 배운 사람인가를 살펴보기 때문에 그 앞에서 식탐에 주의해야 한다. 부자가 되고자 사사로운 꾀를 내는 사람은 피곤한 삶을 살게 된다. 인색한 사람이 베푸는 호의를 주의해야 한다. 약한 사람들의 재산을 탐내면 하나님의 심판을 받게 된다.

1 네가 관원과 함께 앉아 음식을 먹게 되거든 삼가 네 앞에 있는 자가 누구인지를 생각하며

2 네가 만일 음식을 탐하는 자이거든 네 목에 칼을 둘 것이니라

3 그의 맛있는 음식을 탐하지 말라 그것은 속이는 음식이니라

4 부자 되기에 애쓰지 말고 네 사사로운 지혜를 버릴지어다

5 네가 어찌 허무한 것에 주목하겠느냐 정녕히 재물은 스스로 날개를 내어 하늘을 나는 독수리처럼 날아가리라

6 악한 눈이 있는 자의 음식을 먹지 말며 그의 맛있는 음식을 탐하지 말지어다

7 대저 그 마음의 생각이 어떠하면 그 위인도 그러한즉 그가 네게 먹고 마시라 할지라도 그의 마음은 너와 함께하지 아니함이라

8 네가 조금 먹은 것도 토하겠고 네 아름다운 말도 헛된 데로 돌아가리라

9 미련한 자의 귀에 말하지 말지니 이는 그가 네 지혜로운 말을 업신여길 것임이니라

10 옛 지계석을 옮기지 말며 고아들의 밭을 침범하지 말지어다

11 대저 그들의 구속자는 강하시니 그가 너를 대적하여 그들의 원한을 풀어주시리라

◈ **적용 및 기도** ◈

---

**오늘의 묵상**　　우리가 육체의 욕심을 이길 수 있는 길은 성령을 따라 사는 것이다. 많은 사람들이 성령 하나님을 흔히 기적이나 신유, 축복, 성공 등을 얻게 해 주시는 분으로 생각하지만, 성경은 그 반대를 가르친다. 성령의 인도하심 아래 있게 되면 육체의 욕심을 이룰 수 없게 된다. 왜냐하면 성령은 육체의 욕심과 반대되는 일들을 마음속에서 행하시기 때문이다. 욕심이 이끄는 대로 자신을 방치하는 자는 결국 하나님과 타인 그리고 자신과의 관계를 전부 깨뜨리는 육신의 일만을 하게 되어 있다. 그러나 성령의 이끌림을 받는 자는 아름다운 성령의 열매를 맺으며, 육신적인 욕심과 상관없이 어떤 상황에서도 만족할 수 있게 된다. 예수 그리스도로 만족하는 자, 성령 하나님과 동행함으로 즐거워하는 자가 참된 부자다.

**본문 요약 |** 자녀들은 부모의 올바른 훈계와 징계를 통해 온전히 성장하게 된다. 죄인이 형통하는 것 같아도 하나님이 공의로 다스리심을 믿어야 한다. 따라서 자녀들은 절제하지 못하는 사람들과는 사귀지 말고, 부모의 말씀에 귀를 기울이며, 무엇보다 지혜를 소중하게 여겨야 한다.

12 훈계에 착심하며 지식의 말씀에 귀를 기울이라

13 아이를 훈계하지 아니하려고 하지 말라 채찍으로 그를 때릴지라도 그가 죽지 아니하리라

14 네가 그를 채찍으로 때리면 그의 영혼을 스올에서 구원하리라

15 내 아들아 만일 네 마음이 지혜로우면 나 곧 내 마음이 즐겁겠고

16 만일 네 입술이 정직을 말하면 내 속이 유쾌하리라

17 네 마음으로 죄인의 형통을 부러워하지 말고 항상 여호와를 경외하라

18 정녕히 네 장래가 있겠고 네 소망이 끊어지지 아니하리라

19 내 아들아 너는 듣고 지혜를 얻어 네 마음을 바른길로 인도할지니라

20 술을 즐겨 하는 자들과 고기를 탐하는 자들과도 더불어 사귀지 말라

21 술 취하고 음식을 탐하는 자는 가난하여질 것이요 잠자기를 즐겨 하는 자는 해어진 옷을 입을 것임이니라

22 너를 낳은 아비에게 청종하고 네 늙은 어미를 경히 여기지 말지니라

23 진리를 사되 팔지는 말며 지혜와 훈계와 명철도 그리할지니라

◈ 적용 및 기도 ◈

**오늘의 묵상**　　세상에서는 죄인들이 형통하게 살고 의인들은 궁핍과 손해를 당하는 것처럼 보일 때가 많다. 이런 일들은 오래전부터 끊임없이 반복되어 왔다. 하나님의 존재를 부인하는 사람들은 세상이 이처럼 악하고 부조리하며 고통스럽기 때문에 공의와 사랑의 하나님을 도저히 믿을 수 없다고 말한다. 성도들도 이런 상황 때문에 혼란과 낙심에 빠지는 일들이 종종 있다. 그러나 믿음이 있는 사람은 동일한 상황에서 세상 사람들과는 전혀 다른 결론에 도달한다. 부조리하고 모순된 상황을 통해 오히려 더 깊은 영적 시각을 갖게 되고 하나님 나라의 절대적 가치에 눈을 뜨게 되는 것이다. 믿음의 사람만이 어려운 세상의 상황 속에서 그것을 뛰어넘는 영적 부요를 발견할 수 있다.

# 잠언 23:24-35　술 취하는 방탕한 삶에 대한 경계

**본문 요약** ｜ 지혜로운 자녀가 부모를 기쁘게 한다. 그러므로 젊을 때 지혜를 얻어 부모를 즐겁게 하는 것이 효도하는 것이다. 또한 지혜에 집중함으로 거짓된 유혹을 피하며, 술 취하는 방탕한 삶을 떠나야 한다.

24 의인의 아비는 크게 즐거울 것이요 지혜로운 자식을 낳은 자는 그로 말미암아 즐거울 것이니라 25 네 부모를 즐겁게 하며 너를 낳은 어미를 기쁘게 하라 26 내 아들아 네 마음을 내게 주며 네 눈으로 내 길을 즐거워할지어다 27 대저 음녀는 깊은 구덩이요 이방 여인은 좁은 함정이라 28 참으로 그는 강도같이 매복하며 사람들 중에 사악한 자가 많아지게 하느니라 29 재앙이 뉘게 있느뇨 근심이 뉘게 있느뇨 분쟁이 뉘게 있느뇨 원망이 뉘게 있느뇨 까닭 없는 상처가 뉘게 있느뇨 붉은 눈이 뉘게 있느뇨 30 술에 잠긴 자에게 있고 혼합한 술을 구하러 다니는 자에게 있느니라 31 포도주는 붉고 잔에서 번쩍이며 순하게 내려가나니 너는 그것을 보지도 말지어다 32 그것이 마침내 뱀같이 물 것이요 독사같이 쏠 것이며 33 또 네 눈에는 괴이한 것이 보일 것이요 네 마음은 구부러진 말을 할 것이며 34 너는 바다 가운데에 누운 자 같을 것이요 돛대 위에 누운 자 같을 것이며 35 네가 스스로 말하기를 사람이 나를 때려도 나는 아프지 아니하고 나를 상하게 하여도 내게 감각이 없도다 내가 언제나 깰까 다시 술을 찾겠다 하리라

◈ 적용 및 기도 ◈

**오늘의 묵상**　우리나라의 술 소비량이 세계적인 수준이라고 한다. 음주는 많은 간질환의 직접적인 원인이 되며, 음주로 인해 발생하는 사건 사고가 끊이지 않고 있다. 음주는 개인의 건강과 생명을 빼앗는 주요한 원인이다. 또한 음주는 가정 폭력의 주범이기도 하다. 음주 상태에서는 분노 조절 능력이 상실되어 감정이 격해지기 쉽기 때문에 폭력의 가능성이 높아지는 것이다. 기독교인은 술과 담배를 하지 않는다는 일반적인 인식이 사람들 사이에 널리 퍼져 있다. 그러나 교회에서 술에 대한 이런 엄격한 잣대가 존재하는 것을 불편해하는 사람들도 있다. 하지만 이것은 여러 가지 면에서 성도들에게 유익을 가져다준다. 술을 많이 마시는 우리나라와 같은 환경 속에서 성도이기 때문에 술을 가까이하지 않을 수 있는 것은 개인과 가정을 보호하시는 하나님의 은혜다.

# 잠언 24:1-12

## 지혜의 가치와 능력

> **본문 요약** | 악인은 폭력과 속임수로 부자가 되려고 하지만, 의인은 지혜와 명철로 집을 견고하게 하고 내면을 채워 나간다. 위기의 순간에 지혜는 그 진가를 발휘하며, 위기를 통해 참된 실력이 드러나게 된다. 그러나 미련한 자는 공동체에 유익을 끼치지 못하고 피해만 가져올 뿐이다.

1 너는 악인의 형통함을 부러워하지 말며 그와 함께 있으려고 하지도 말지어다

2 그들의 마음은 강포를 품고 그들의 입술은 재앙을 말함이니라

3 집은 지혜로 말미암아 건축되고 명철로 말미암아 견고하게 되며

4 또 방들은 지식으로 말미암아 각종 귀하고 아름다운 보배로 채우게 되느니라

5 지혜 있는 자는 강하고 지식 있는 자는 힘을 더하나니

6 너는 전략으로 싸우라 승리는 지략이 많음에 있느니라

7 지혜는 너무 높아서 미련한 자가 미치지 못할 것이므로 그는 성문에서 입을 열지 못하느니라

8 악행하기를 꾀하는 자를 일컬어 사악한 자라 하느니라

9 미련한 자의 생각은 죄요 거만한 자는 사람에게 미움을 받느니라

10 네가 만일 환난날에 낙담하면 네 힘이 미약함을 보임이니라

11 너는 사망으로 끌려가는 자를 건져 주며 살륙을 당하게 된 자를 구원하지 아니하려고 하지 말라

12 네가 말하기를 나는 그것을 알지 못하였노라 할지라도 마음을 저울질하시는 이가 어찌 통찰하지 못하시겠으며 네 영혼을 지키시는 이가 어찌 알지 못하시겠느냐 그가 각 사람의 행위대로 보응하시리라

◈ 적용 및 기도 ◈

---

**오늘의 묵상**  오늘 본문에서는 성도가 위기의 순간에 기억해야 할 세 가지 원리를 찾아볼 수 있다. 첫 번째는, 위기의 순간에는 무엇보다 지혜가 가장 중요하다는 점이다. 위기를 많이 겪은 성도는 하나님의 지혜를 더욱 많이 경험하게 되므로 지혜로운 자가 될 수 있다. 따라서 성도는 자신에게 닥친 위기를 하나님의 지혜를 얻는 기회로 받아들여야 한다. 두 번째는, 위기가 한 사람의 본질과 실력을 드러내는 기회일 수 있다는 것이다. 따라서 성도에게 위기는 신앙의 성숙 정도를 점검받는 기회가 된다. 세 번째는, 위기에 처한 다른 사람을 도와야 할 공동체적 책임이 성도에게 존재한다는 사실이다. 위기에 처한 사람에게 무관심한 것은 우리를 죽을 위기에서 건져 주신 하나님의 구원과 은혜를 진정으로 깨닫지 못한 증거이기도 하다.

# 잠언 24:13-22　　영원한 유익을 누릴 의인과 멸망당할 악인　　년　월　일

> **본문 요약** ┃ 지혜를 꿀처럼 찾으면 소망이 끊어지지 않는다. 의인은 최악의 상황에서도 회복할 수 있지만, 악인은 반드시 엎드러진다. 그러나 의인은 원수의 재앙을 기뻐해서는 안 되며, 악인의 형통함을 부러워해서도 안 된다.

13 내 아들아 꿀을 먹으라 이것이 좋으니라 송이꿀을 먹으라 이것이 네 입에 다니라

14 지혜가 네 영혼에게 이와 같은 줄을 알라 이것을 얻으면 정녕히 네 장래가 있겠고 네 소망이 끊어지지 아니하리라

15 악한 자여 의인의 집을 엿보지 말며 그가 쉬는 처소를 헐지 말지니라

16 대저 의인은 일곱 번 넘어질지라도 다시 일어나려니와 악인은 재앙으로 말미암아 엎드러지느니라

17 네 원수가 넘어질 때에 즐거워하지 말며 그가 엎드러질 때에 마음에 기뻐하지 말라

18 여호와께서 이것을 보시고 기뻐하지 아니하사 그의 진노를 그에게서 옮기실까 두려우니라

19 너는 행악자들로 말미암아 분을 품지 말며 악인의 형통함을 부러워하지 말라

20 대저 행악자는 장래가 없겠고 악인의 등불은 꺼지리라

21 내 아들아 여호와와 왕을 경외하고 반역자와 더불어 사귀지 말라

22 대저 그들의 재앙은 속히 임하리니 그 둘의 멸망을 누가 알랴

---

◈ 적용 및 기도 ◈

---

**오늘의 묵상**　　시편에는 원수의 멸망을 간절히 바라는 기도가 많이 나온다. 그렇다면, 하나님이 이러한 기도에 응답하셔서 원수들을 심판하셨을 때 그것을 바라던 성도들은 찬송을 부르며 기뻐하는 것이 마땅하지 않을까? 그런데 본문은 원수가 재앙을 당해 넘어질 때에 즐거워하지 말라고 경고하고 있다. 그 이유는 시편이 말하는 원수가 악을 행하는 한 개인이 아닌 그 배후의 사탄과 그 세력들을 의미하기 때문이다. 시편은 단순한 한 개인의 원수에 대한 멸망과 심판을 간구한 것이 아니라 하나님 나라의 원수인 마귀와 그 세력들의 멸망을 간구한 것이다. 하나님은 죄를 미워하시지만 죄인은 사랑하신다. 그러므로 성도는 원수가 재앙을 당할 때 그가 그 재앙으로 인해 회개하고 하나님께 돌아오길 기도해야 한다.

> **본문 요약** ㅣ 재판장은 공정한 판정을 내릴 때 기쁨과 복을 얻게 된다. 모든 일에는 우선순위가 존재한다. 성도는 거짓 증인이 되거나 개인적으로 보복하는 일을 해서는 안 된다. 게으름은 가난을 가져온다.

23 이것도 지혜로운 자들의 말씀이라 재판할 때에 낯을 보아주는 것이 옳지 못하니라 24 악인에게 네가 옳다 하는 자는 백성에게 저주를 받을 것이요 국민에게 미움을 받으려니와 25 오직 그를 견책하는 자는 기쁨을 얻을 것이요 또 좋은 복을 받으리라 26 적당한 말로 대답함은 입맞춤과 같으니라 27 네 일을 밖에서 다스리며 너를 위하여 밭에서 준비하고 그 후에 네 집을 세울지니라 28 너는 까닭 없이 네 이웃을 쳐서 증인이 되지 말며 네 입술로 속이지 말지니라 29 너는 그가 내게 행함같이 나도 그에게 행하여 그가 행한 대로 그 사람에게 갚겠다 말하지 말지니라 30 내가 게으른 자의 밭과 지혜 없는 자의 포도원을 지나며 본즉 31 가시덤불이 그 전부에 퍼졌으며 그 지면이 거친 풀로 덮였고 돌담이 무너져 있기로 32 내가 보고 생각이 깊었고 내가 보고 훈계를 받았노라 33 네가 좀 더 자자 좀 더 졸자 손을 모으고 좀 더 누워 있자 하니 34 네 빈궁이 강도같이 오며 네 곤핍이 군사같이 이르리라

◈ 적용 및 기도 ◈

---

**오늘의 묵상**　　바깥일과 경제적인 준비를 마친 뒤에 가정을 세우라는 27절의 말씀은 삶의 우선순위에 대한 교훈이다. 첫 번째 우선순위의 기준은, 그것이 하나님과 다른 사람들을 더 사랑하게 만드는 일인가 하는 것이다. 다른 사람을 사랑하는 것은 하나님의 선하심과 영광을 이 땅에 드러낼 수 있는 길이다. 두 번째 기준은, 그 일을 통해 자신이 예수님을 더 닮아갈 수 있는가이다. 우리는 예수님처럼 자기를 부인하고 십자가를 지는 삶을 선택해야 한다. 세 번째는, 그 일이 복음 전파에 유익이 되는가를 생각해야 한다. 모든 민족을 제자로 삼으라는 예수님의 명령은 그가 남기신 유언과도 같은 중요한 것이다(마 28:19-20). 따라서 성도는 무슨 일을 하든지 그것이 복음 전파를 위해 유익이 되는지를 생각해야 한다.

# 잠언 25:1-10

## 자신을 자랑하지 말라

> **본문 요약** ┃ 왕은 하나님의 풍성한 비밀을 발견해 그것을 백성에게 전달하는 대행자다. 왕 주변의 악한 자가 제거되면 왕위가 견고해지며, 그 앞에서 스스로 높은 체하는 사람은 수치를 받는다. 성급하게 법정 싸움을 하거나, 이기기 위해 남의 비밀을 누설하는 비겁한 행동을 해서는 안 된다.

1 이것도 솔로몬의 잠언이요 유다 왕 히스기야의 신하들이 편집한 것이니라

2 일을 숨기는 것은 하나님의 영화요 일을 살피는 것은 왕의 영화니라

3 하늘의 높음과 땅의 깊음같이 왕의 마음은 헤아릴 수 없느니라

4 은에서 찌꺼기를 제하라 그리하면 장색의 쓸 만한 그릇이 나올 것이요

5 왕 앞에서 악한 자를 제하라 그리하면 그의 왕위가 의로 말미암아 견고히 서리라

6 왕 앞에서 스스로 높은 체하지 말며 대인들의 자리에 서지 말라

7 이는 사람이 네게 이리로 올라오라고 말하는 것이 네 눈에 보이는 귀인 앞에서 저리로 내려가라고 말하는 것보다 나음이니라

8 너는 서둘러 나가서 다투지 말라 마침내 네가 이웃에게서 욕을 보게 될 때에 네가 어찌할 줄을 알지 못할까 두려우니라

9 너는 이웃과 다투거든 변론만 하고 남의 은밀한 일은 누설하지 말라

10 듣는 자가 너를 꾸짖을 터이요 또 네게 대한 악평이 네게서 떠나지 아니할까 두려우니라

---

◈ **적용 및 기도** ◈

---

**오늘의 묵상**   자존감이 낮고 내적 안정감이 약한 사람일수록 사람들 앞에서 자신을 높이려고 한다. 이들은 어떤 면에서라도 자신을 남보다 높이지 않으면 사람들에게 멸시당할 것 같은 두려움을 느끼기 때문에 끊임없이 자신을 자랑하고 높이려 한다. 우리의 영혼은 하나님의 온전한 인정과 사랑을 받게 되기까지 늘 갈증을 느낀다. 예수님은 요단강에서 세례를 받으셨을 때 '이는 내 사랑하는 아들이요 내 기뻐하는 자라'(마 3:17)는 하나님의 인정과 사랑이 가득 담긴 말씀을 들으셨다. 하나님의 인정과 사랑으로 만족하셨던 예수님은 자신을 높이거나 자랑하지 않으셨으며, 사람들의 배척과 공격에도 흔들리지 않으셨다. 우리 또한 스스로를 높이며 자랑하는 습관에서 벗어나기 위해서는 하나님의 인정과 사랑으로 만족하는 법을 먼저 배워야 한다.

# 잠언 25:11-19

## 말의 영향력

> **본문 요약** | 상황에 알맞은 말이나 슬기로운 책망은 듣는 사람에게 유익을 준다. 충성된 사자는 그를 보낸 이를 기쁘게 하며, 일의 성취를 위해 부드러운 말을 사용해야 한다. 이웃이 아무리 좋아도 적절한 경계를 지켜야 한다. 이웃에 대해 거짓 증거하는 사람은 영적인 살인자와 같다.

11 경우에 합당한 말은 아로새긴 은 쟁반에 금 사과니라

12 슬기로운 자의 책망은 청종하는 귀에 금 고리와 정금 장식이니라

13 충성된 사자는 그를 보낸 이에게 마치 추수하는 날에 얼음냉수 같아서 능히 그 주인의 마음을 시원하게 하느니라

14 선물한다고 거짓 자랑하는 자는 비 없는 구름과 바람 같으니라

15 오래 참으면 관원도 설득할 수 있나니 부드러운 혀는 뼈를 꺾느니라

16 너는 꿀을 보거든 족하리만큼 먹으라 과식함으로 토할까 두려우니라

17 너는 이웃집에 자주 다니지 말라 그가 너를 싫어하며 미워할까 두려우니라

18 자기의 이웃을 쳐서 거짓 증거하는 사람은 방망이요 칼이요 뾰족한 화살이니라

19 환난날에 진실하지 못한 자를 의뢰하는 것은 부러진 이와 위골된 발 같으니라

---

◈ 적용 및 기도 ◈

---

**오늘의 묵상**　본문은 다양한 비유로 말의 영향력에 대해 교훈하고 있다. 말을 통해 긍정적인 영향력을 가져오기 위해서는 어떻게 해야 할까? 첫째, 상황과 때에 맞추어 적절하게 말하는 법을 배워야 한다. 상황과 때를 잘 분별할 수 있는 것은 내적 지혜의 결과다. 따라서 상황에 맞게 말하기 위해서는 먼저 하나님의 지혜를 배워야 한다. 둘째, 책망은 지혜롭게 해야 하며, 그것을 새겨들을 수 있는 사람을 분별해야 한다. 책망을 할 때 지혜롭게 분별하지 못하면 책망하는 사람이나 듣는 사람 모두가 유익을 얻지 못한다. 셋째, 부드럽고 온유하게 말하는 법을 배워야 한다. 상황이 어려움에도 불구하고 참고 기다리면서 부드럽게 말할 수 있는 사람은 타인에게 신뢰와 안정감을 줄 수 있다. 따라서 자신의 급한 마음을 잘 다스릴 수 있는 사람이 참 지혜다.

# 잠언 25:20-28

## 절제로 마음을 지켜내기

**본문 요약 ㅣ** 남을 위로할 때도 상황 판단을 잘 해야 하며, 원수를 선대하면 하나님이 갚아 주신다. 참소(험담)하거나 다투는 말은 사람을 분노하게 만든다. 의인이 악인에게 굴복하면 공동체적으로 큰 피해를 입는다. 자기의 영예(영광)를 구하는 것은 헛되며, 마음을 절제하는 사람이 자신을 다스릴 수 있다.

20 마음이 상한 자에게 노래하는 것은 추운 날에 옷을 벗음 같고 소다 위에 식초를 부음 같으니라

21 네 원수가 배고파하거든 음식을 먹이고 목말라하거든 물을 마시게 하라

22 그리하는 것은 핀 숯을 그의 머리에 놓는 것과 일반이요 여호와께서 네게 갚아주시리라

23 북풍이 비를 일으킴같이 참소하는 혀는 사람의 얼굴에 분을 일으키느니라

24 다투는 여인과 함께 큰 집에서 사는 것보다 움막에서 혼자 사는 것이 나으니라

25 먼 땅에서 오는 좋은 기별은 목마른 사람에게 냉수와 같으니라

26 의인이 악인 앞에 굴복하는 것은 우물이 흐려짐과 샘이 더러워짐과 같으니라

27 꿀을 많이 먹는 것이 좋지 못하고 자기의 영예를 구하는 것이 헛되니라

28 자기의 마음을 제어하지 아니하는 자는 성읍이 무너지고 성벽이 없는 것과 같으니라

---

◈ **적용 및 기도** ◈

---

**오늘의 묵상** 자기 마음을 제어하지 못하는 사람은 시험과 유혹에 빠지기 쉽다. 사탄은 절제가 없는 사람의 마음에 침투하여 그를 노예로 삼고 파괴적인 일을 일삼는다. 그러므로 자신이 얼마나 마음을 잘 다스리고 있는지 점검해 봐야 하는데, 이는 분노와 같은 부정적 감정과 욕심을 얼마나 잘 다스릴 수 있는가를 통해 살펴볼 수 있다. 구약의 가인과 신약의 가룟 유다는 분노와 욕심을 잘 다스리지 못한 가장 대표적인 예다. 가인의 마음은 분노로 인해 성벽이 무너진 성읍과 같이 되어 사탄에게 주도권을 빼앗겼고, 결국 그는 사탄의 노예 노릇을 하게 되었다. 예수님의 제자였던 가룟 유다는 값비싼 향유를 가져다가 예수님의 발에 부은 마리아에게 분노했다. 결국 가룟 유다는 은 30에 예수님을 팔아 기독교 역사상 가장 악한 인간으로 낙인찍히게 되었다.

# 잠언 26:1-9

## 미련한 자에 대한 교훈

> **본문 요약** | 미련한 자에게 주어진 영예는 소용없으며, 그는 어리석은 짐승과도 같다. 미련한 자와 대화하면 그와 같은 취급을 받게 된다. 그가 스스로를 지혜롭게 여기지 않도록 조심해서 말해야 한다. 또한 미련한 자를 통해 메시지를 전달해서는 안 된다. 그에게 주어진 잠언은 소용없을 뿐 아니라 오히려 남에게 해를 끼친다.

1 미련한 자에게는 영예가 적당하지 아니하니 마치 여름에 눈 오는 것과 추수 때에 비 오는 것 같으니라

2 까닭 없는 저주는 참새가 떠도는 것과 제비가 날아가는 것같이 이루어지지 아니하느니라

3 말에게는 채찍이요 나귀에게는 재갈이요 미련한 자의 등에는 막대기니라

4 미련한 자의 어리석은 것을 따라 대답하지 말라 두렵건대 너도 그와 같을까 하노라

5 미련한 자에게는 그의 어리석음을 따라 대답하라 두렵건대 그가 스스로 지혜롭게 여길까 하노라

6 미련한 자 편에 기별하는 것은 자기의 발을 베어 버림과 해를 받음과 같으니라

7 저는 자의 다리는 힘없이 달렸나니 미련한 자의 입의 잠언도 그러하니라

8 미련한 자에게 영예를 주는 것은 돌을 물매에 매는 것과 같으니라

9 미련한 자의 입의 잠언은 술 취한 자가 손에 든 가시나무 같으니라

---

◈ 적용 및 기도 ◈

---

**오늘의 묵상**    본문이 미련한 자에 대해 반복적으로 교훈하는 첫 번째 이유는, 성도들이 무익하고 파괴적인 삶을 살지 않도록 하기 위해서다. 잠언은 지속적으로 지혜로써 자신뿐 아니라 다른 사람도 유익하게 하는 삶을 살도록 교훈한다. 두 번째 이유는, 성도들로 하여금 미련함을 버리고 지혜를 추구하도록 하기 위해서다. 미련한 자를 경계하는 잠언도 실제로는 잠언의 말씀을 듣고 지혜와 생명을 얻을 수 있는 자들을 위한 것으로, 오늘 본문도 미련한 자들의 삶을 멀리해 지혜를 얻도록 하기 위한 말씀이다. 세 번째 이유는, 미련한 자를 잘 분별하게 하기 위해서다. 분별력을 가지고 사람들과 상황을 판단하는 자만이 수치를 당하지 않고 영광과 존귀를 얻을 수 있다.

# 잠언 26:10-19    게으른 자에 대한 교훈    년    월    일

**본문 요약 |** 미련한 사람을 고용하면 손해를 보게 된다. 미련한 자는 미련한 행위를 반복하며, 스스로를 지혜롭게 여기는 자는 변화할 수 없다. 게으른 자는 거짓 핑계로 일하기를 피하며 침상에서 떠나지 않는다. 자신과 관계없는 일에 간섭하는 사람은 해를 당하고, 남을 속이고 희롱하는 사람은 살인자와 같다.

10 장인이 온갖 것을 만들지라도 미련한 자를 고용하는 것은 지나가는 행인을 고용함과 같으니라

11 개가 그 토한 것을 도로 먹는 것같이 미련한 자는 그 미련한 것을 거듭 행하느니라

12 네가 스스로 지혜롭게 여기는 자를 보느냐 그보다 미련한 자에게 오히려 희망이 있느니라

13 게으른 자는 길에 사자가 있다 거리에 사자가 있다 하느니라

14 문짝이 돌쩌귀를 따라서 도는 것같이 게으른 자는 침상에서 도느니라

15 게으른 자는 그 손을 그릇에 넣고도 입으로 올리기를 괴로워하느니라

16 게으른 자는 사리에 맞게 대답하는 사람 일곱보다 자기를 지혜롭게 여기느니라

17 길로 지나가다가 자기와 상관없는 다툼을 간섭하는 자는 개의 귀를 잡는 자와 같으니라

18 횃불을 던지며 화살을 쏘아서 사람을 죽이는 미친 사람이 있나니

19 자기의 이웃을 속이고 말하기를 내가 희롱하였노라 하는 자도 그러하니라

---

◈ 적용 및 기도 ◈

---

**오늘의 묵상**    본문에서는 게으른 자의 몇 가지 태도를 살펴볼 수 있다. 첫 번째로, 게으른 사람은 핑계와 변명을 자주 한다. 두 번째로, 게으른 사람은 육신적 안락만을 추구하는 나쁜 습관에 매여 있다. 세 번째로, 게으른 사람은 자기 생각만으로 꽉 차 있어서 다른 사람의 말을 들으려고 하지 않는다. 잠언에서 게으름을 자주 언급하는 이유는 흔히 지혜 없는 자가 게으르기 때문이다. 미련한 자처럼 게으른 자 또한 자신의 생각과 방식만이 옳다고 주장하기 때문에 다른 사람의 생각이나 충고를 받아들이기 어렵다. 그렇기 때문에 이런 사람은 문제가 심각해져서 치명적인 결과가 나타나기 전까지는 자신의 삶의 방식이나 태도를 바꾸려 하지 않는다.

# 잠언 26:20-28 　 관계를 깨트리는 악한 사람들

**본문 요약** ㅣ 소문을 퍼트리거나 다툼을 좋아하는 자들은 시비를 일으키고, 악한 사람은 남의 말 하기를 즐긴다. 의인은 마음에 악이 가득하면서 위선적인 말을 하는 원수를 믿어서는 안 된다. 남을 해치려고 하는 사람은 오히려 자기가 해를 받게 되며, 거짓말과 아첨하는 사람은 남을 망하게 하므로 주의해야 한다.

20 나무가 다하면 불이 꺼지고 말쟁이가 없어지면 다툼이 쉬느니라

21 숯불 위에 숯을 더하는 것과 타는 불에 나무를 더하는 것같이 다툼을 좋아하는 자는 시비를 일으키느니라

22 남의 말 하기를 좋아하는 자의 말은 별식과 같아서 뱃속 깊은 데로 내려가느니라

23 온유한 입술에 악한 마음은 낮은 은을 입힌 토기니라

24 원수는 입술로는 꾸미고 속으로는 속임을 품나니

25 그 말이 좋을지라도 믿지 말 것은 그 마음에 일곱 가지 가증한 것이 있음이니라

26 속임으로 그 미움을 감출지라도 그의 악이 회중 앞에 드러나리라

27 함정을 파는 자는 그것에 빠질 것이요 돌을 굴리는 자는 도리어 그것에 치이리라

28 거짓말하는 자는 자기가 해한 자를 미워하고 아첨하는 입은 패망을 일으키느니라

---

◈ 적용 및 기도 ◈

---

**오늘의 묵상**　　본문에서는 관계를 깨트리고 남을 해하는 몇 가지 유형의 사람들을 보여준다. 첫 번째는 다른 사람들의 소문을 퍼트리기 좋아하는 말쟁이들이다. 이들은 주로 남의 약점이나 불행을 퍼트린다. 두 번째는 부드럽고 화려한 화술로 악한 마음과 의도를 감추는 위선자들이다. 이들의 악한 속내는 결국 드러나게 되어 있지만 처음에는 이들을 분별해 내기가 쉽지 않다. 세 번째는 남을 해하기 위해 음모를 꾸미는 자들이다. 이들은 남을 해하고 손해 입히는 것을 즐기므로 이들과 가까이하는 사람은 그 희생양이 되기 쉽다. 네 번째는 거짓말하거나 아첨하는 사람들이다. 거짓말을 하는 가장 흔한 동기는 남을 속여서 곤란을 피하고 자신이 이익을 얻고자 하는 것이다. 거짓말이나 아첨은 마음에 사랑이 없는 자가 남을 파괴하는 살인 행위와 같다.

# 잠언 27:1-9

## 책망의 유익

**본문 요약 ㅣ** 미래의 일을 자랑하지 말아야 하며, 스스로 자신을 칭찬하는 일을 삼가야 한다. 미련한 자의 분노는 피곤하고 힘들며, 분노보다 투기(질투)가 더 무섭고 파괴적이다. 책망하는 것이 참 사랑이며, 친구의 책망은 아플지라도 자신에게 유익이 된다.

1 너는 내일 일을 자랑하지 말라 하루 동안에 무슨 일이 일어날는지 네가 알 수 없음이니라

2 타인이 너를 칭찬하게 하고 네 입으로는 하지 말며 외인이 너를 칭찬하게 하고 네 입술로는 하지 말지니라

3 돌은 무겁고 모래도 가볍지 아니하거니와 미련한 자의 분노는 이 둘보다 무거우니라

4 분은 잔인하고 노는 창수 같거니와 투기 앞에야 누가 서리요

5 면책은 숨은 사랑보다 나으니라

6 친구의 아픈 책망은 충직으로 말미암는 것이나 원수의 잦은 입맞춤은 거짓에서 난 것이니라

7 배부른 자는 꿀이라도 싫어하고 주린 자에게는 쓴 것이라도 다니라

8 고향을 떠나 유리하는 사람은 보금자리를 떠나 떠도는 새와 같으니라

9 기름과 향이 사람의 마음을 즐겁게 하나니 친구의 충성된 권고가 이와 같이 아름다우니라

---

◈ **적용 및 기도** ◈

---

**오늘의 묵상**    본문은 책망에 대한 성경적 원리를 가르쳐 주고 있다. 첫 번째로, 책망은 적극적 사랑의 표현이다. 하나님이 성도들을 책망하고 징계하시는 이유도 우리를 참 아들로 여기시기 때문이다(히 12:7-8). 두 번째로, 책망은 아픔을 가져오지만 거짓된 칭찬보다 유익하다. 책망을 듣고 아프고 힘들어야 적극적으로 잘못을 버리고 바른 태도를 취하게 되기 때문이다. 세 번째로, 책망이 유익이 되기 위해서는 충성됨이 필요하다. 충성됨은 지속적이고 신실한 관계를 의미한다. 지속적이고 깊은 관계를 맺고 있는 사람은 사랑하는 마음으로 상대방을 책망하므로 그것이 유익이 되는 것이다. 그러므로 신실한 관계 가운데 있는 누군가가 책망을 한다면 자신에게 유익되는 일임을 기억하며 귀 기울여 들어야 한다.

# 잠언 27:10-18　서로에게 유익이 되는 관계

본문 요약 ┃ 모든 이웃과 좋은 관계를 맺어야 한다. 지혜를 추구하는 아들은 부모에게 기쁨이 된다. 슬기로운 사람은 재앙을 피하며, 아무리 좋은 말이라도 해야 할 적절한 때가 있음을 안다. 좋은 친구와의 인격적 만남이 서로에게 유익이 된다. 성실함으로 주인을 섬길 때 보상을 받는다.

10 네 친구와 네 아비의 친구를 버리지 말며 네 환난날에 형제의 집에 들어가지 말지어다 가까운 이웃이 먼 형제보다 나으니라

11 내 아들아 지혜를 얻고 네 마음을 기쁘게 하라 그리하면 나를 비방하는 자에게 내가 대답할 수 있으리라

12 슬기로운 자는 재앙을 보면 숨어 피하여도 어리석은 자들은 나가다가 해를 받느니라

13 타인을 위하여 보증 선 자의 옷을 취하라 외인들을 위하여 보증 선 자는 그의 몸을 볼모 잡을지니라

14 이른 아침에 큰 소리로 자기 이웃을 축복하면 도리어 저주같이 여기게 되리라

15 다투는 여자는 비 오는 날에 이어 떨어지는 물방울이라

16 그를 제어하기가 바람을 제어하는 것 같고 오른손으로 기름을 움키는 것 같으니라

17 철이 철을 날카롭게 하는 것같이 사람이 그의 친구의 얼굴을 빛나게 하느니라

18 무화과나무를 지키는 자는 그 과실을 먹고 자기 주인에게 시중드는 자는 영화를 얻느니라

◈ 적용 및 기도 ◈

---

**오늘의 묵상**　'철이 철을 날카롭게 하는 것같이'(17절)라는 말씀은 잠언에서 잘 알려진 구절 중 하나로 서로에게 유익이 되는 관계를 비유한다. 그러나 이는 단순히 친구 관계가 서로에게 유익이 됨을 의미하는 것이 아니다. 갈등과 실패를 통해 모난 부분들이 다듬어지는 과정을 겪어야만 그 관계가 유익이 된다는 것이다. 어떤 관계든 갈등을 겪기 마련이다. 갈등이 생길 때마다 그 관계를 회피하는 사람은 결코 성장할 수 없으며, 더 깊은 관계를 통해 얻게 되는 유익도 얻을 수 없다. 다른 사람과 깊은 관계를 맺을 수 있는 사람은 관계의 깊이에서 우러나오는 기쁨과 만족을 누리게 된다. 우리가 맺는 모든 관계는 서로의 모난 부분을 깨트리고 성장시켜 그리스도의 형상에 이르도록 하기 위한 목적이 있음을 기억해야 한다.

# 사람을 연단하는 칭찬

**본문 요약 l** 자신의 마음을 알고자 하는 사람은 같은 모습을 지닌 다른 사람의 마음을 관찰해 보면 된다. 사람의 욕망은 만족함이 없으며, 칭찬은 사람의 본질을 드러낸다. 재물이나 영광에 마음을 두지 말고 자신의 현재 일에 충성을 다해야 한다. 그것이 당장은 힘들지라도 미래의 풍성한 기반이 되기 때문이다.

19 물에 비치면 얼굴이 서로 같은 것같이 사람의 마음도 서로 비치느니라

20 스올과 아바돈은 만족함이 없고 사람의 눈도 만족함이 없느니라

21 도가니로 은을, 풀무로 금을, 칭찬으로 사람을 단련하느니라

22 미련한 자를 곡물과 함께 절구에 넣고 공이로 찧을지라도 그의 미련은 벗겨지지 아니하느니라

23 네 양 떼의 형편을 부지런히 살피며 네 소 떼에게 마음을 두라

24 대저 재물은 영원히 있지 못하나니 면류관이 어찌 대대에 있으랴

25 풀을 벤 후에는 새로 움이 돋나니 산에서 꼴을 거둘 것이니라

26 어린 양의 털은 네 옷이 되며 염소는 밭을 사는 값이 되며

27 염소의 젖은 넉넉하여 너와 네 집의 음식이 되며 네 여종의 먹을 것이 되느니라

◈ 적용 및 기도 ◈

**오늘의 묵상**　'칭찬으로 사람을 단련하느니라'(21절)는 말씀은 칭찬을 들을 때 자신을 돌아보는 기회로 삼을 수 있음을 암시한다. 하나님은 은밀하게 보시는 분이므로, 하나님의 칭찬을 중요하게 여기는 자는 사람이 볼 때나 보지 않을 때나 똑같이 행동한다. 그러나 사람의 칭찬만을 생각하는 자는 사람들의 시선을 의식하며 이중적인 모습을 보인다(마 6:1-18). 이런 자들은 기대했던 칭찬을 듣지 못하면 서운함을 느끼며, 사람들에게 인정받으려 계속 애쓰기 때문에 늘 피곤한 삶을 살게 된다. 성도는 하나님 앞에서 하나님의 인정을 받기 위해 애쓰는 자다. 사람의 시선과 인정에서 자유로운 자가 진정 자유로운 사람이다. 이런 영적 자유는 하나님의 시선과 인정만을 유일한 목적으로 삼는 사람에게만 주어진다는 것을 잊지 말자.

# 잠언 28:1-9   하나님의 말씀을 지키는 사람의 유익

> **본문 요약 ㅣ** 의인은 죄책감에 시달리지 않기 때문에 담대하며, 명철과 지식이 있는 지혜로운 통치자는 나라를 안정시킨다. 반면에, 가난한 자를 학대하는 사람은 잔인하며, 하나님의 뜻을 버린 사람은 선악을 구분하지 못한다. 하나님은 빈부에 관계없이 성실하게 행하는 자를 칭찬하신다.

1 악인은 쫓아오는 자가 없어도 도망하나 의인은 사자같이 담대하니라

2 나라는 죄가 있으면 주관자가 많아져도 명철과 지식 있는 사람으로 말미암아 장구하게 되느니라

3 가난한 자를 학대하는 가난한 자는 곡식을 남기지 아니하는 폭우 같으니라

4 율법을 버린 자는 악인을 칭찬하나 율법을 지키는 자는 악인을 대적하느니라

5 악인은 정의를 깨닫지 못하나 여호와를 찾는 자는 모든 것을 깨닫느니라

6 가난하여도 성실하게 행하는 자는 부유하면서 굽게 행하는 자보다 나으니라

7 율법을 지키는 자는 지혜로운 아들이요 음식을 탐하는 자와 사귀는 자는 아비를 욕되게 하는 자니라

8 중한 변리로 자기 재산을 늘리는 것은 가난한 사람을 불쌍히 여기는 자를 위해 그 재산을 저축하는 것이니라

9 사람이 귀를 돌려 율법을 듣지 아니하면 그의 기도도 가증하니라

---

◈ 적용 및 기도 ◈

---

**오늘의 묵상**   잠언에서의 '법'(토라)은 하나님의 말씀 전체를 의미한다. 본문에서는 이 '법', 즉 하나님의 말씀을 듣고 지킬 때 얻게 되는 유익을 발견할 수 있다. 첫 번째로, 말씀을 지키는 자는 선악에 대한 분별력을 갖게 된다(4절). 오직 하나님의 말씀을 지키는 자만이 하나님의 기준을 그대로 받아들일 수 있다. 두 번째로, 말씀을 지키는 자는 자신의 욕망을 따라 방탕하게 살지 않을 수 있다(7절). 말씀을 통해 하나님의 선악에 대한 기준을 받아들이고 그것을 지키기 위해 애써야 정욕을 따라 살아가는 저급한 삶에서 벗어날 수 있다. 세 번째로, 말씀을 듣는 자는 하나님이 기뻐하시는 기도를 드릴 수 있다(9절). 하나님의 말씀을 잘 듣고 행하는 자만이 하나님의 뜻을 명확하게 알게 된다.

# 잠언 28:10-18 　선한 지도자

**본문 요약 |** 악인들은 정직한 자라도 악한 길로 인도하여 망하게 한다. 의인이 득의하면 백성이 영화를 누리며, 하나님을 경외하는 자는 복되다. 악한 관원은 백성을 학대하는데, 그 포학한 통치의 이유는 탐욕 때문이다. 악을 행한 자는 스스로 멸망하지만, 성실하게 말씀을 따르는 자는 구원을 받는다.

10 정직한 자를 악한 길로 유인하는 자는 스스로 자기 함정에 빠져도 성실한 자는 복을 받느니라

11 부자는 자기를 지혜롭게 여기나 가난해도 명철한 자는 자기를 살펴 아느니라

12 의인이 득의하면 큰 영화가 있고 악인이 일어나면 사람이 숨느니라

13 자기의 죄를 숨기는 자는 형통하지 못하나 죄를 자복하고 버리는 자는 불쌍히 여김을 받으리라

14 항상 경외하는 자는 복되거니와 마음을 완악하게 하는 자는 재앙에 빠지리라

15 가난한 백성을 압제하는 악한 관원은 부르짖는 사자와 주린 곰 같으니라

16 무지한 치리자는 포학을 크게 행하거니와 탐욕을 미워하는 자는 장수하리라

17 사람의 피를 흘린 자는 함정으로 달려갈 것이니 그를 막지 말지니라

18 성실하게 행하는 자는 구원을 받을 것이나 굽은 길로 행하는 자는 곧 넘어지리라

---

◈ **적용 및 기도** ◈

**오늘의 묵상**　　본문에서는 사람들을 올바로 이끄는 영적 지도력에 대한 몇 가지 원리를 발견할 수 있다. 첫째, 리더는 다른 사람들을 이끌기 전에 자신을 올바로 이끌 수 있어야 한다. 자신의 삶과 행동에 있어서 검증된 사람이 리더의 자리에 서야 한다. 둘째, 리더는 그를 따르는 사람들의 안녕과 행복에 큰 영향을 미칠 수 있음을 기억해야 한다. 악인이 리더가 되면 공동체 전체가 고통을 받으나, 의인이 리더가 되면 공동체 전체가 기뻐하며 영화를 누리게 된다. 셋째, 리더는 개개인의 상황과 필요에 세심하게 관심을 기울여야 한다. 효율성과 편리성을 조금 포기하더라도 개인을 최대한 배려할 수 있는 방법으로 리더십을 발휘해 나가는 사람이 지혜로운 리더다. 넷째, 리더는 자신의 욕망을 부인하는 일에 힘써야 한다. 탐욕은 리더를 타락시키는 주된 원인으로, 지위를 이용하여 개인의 탐욕을 채우려는 사람은 리더의 자격이 없다.

# 잠언 28:19-28　　일확천금의 유혹을 경계하라

년　　월　　일

**본문 요약 |** 방탕을 따르며 게으른 자는 궁핍해진다. 속히 부자가 되려고 하는 사람은 형벌을 받으며, 재물을 얻기에만 급급해서 인색한 사람은 오히려 빈궁해진다. 경책(책망)이 아첨보다 낫다. 욕심은 다툼의 원인이 되어 가장 가까운 관계도 파괴시킨다. 부패한 자신의 마음을 믿는 것은 미련한 일이다.

19 자기의 토지를 경작하는 자는 먹을 것이 많으려니와 방탕을 따르는 자는 궁핍함이 많으리라

20 충성된 자는 복이 많아도 속히 부하고자 하는 자는 형벌을 면하지 못하리라

21 사람의 낯을 보아주는 것이 좋지 못하고 한 조각 떡으로 말미암아 사람이 범법하는 것도 그러하니라

22 악한 눈이 있는 자는 재물을 얻기에만 급하고 빈궁이 자기에게로 임할 줄은 알지 못하느니라

23 사람을 경책하는 자는 혀로 아첨하는 자보다 나중에 더욱 사랑을 받느니라

24 부모의 물건을 도둑질하고서도 죄가 아니라 하는 자는 멸망받게 하는 자의 동류니라

25 욕심이 많은 자는 다툼을 일으키나 여호와를 의지하는 자는 풍족하게 되느니라

26 자기의 마음을 믿는 자는 미련한 자요 지혜롭게 행하는 자는 구원을 얻을 자니라

27 가난한 자를 구제하는 자는 궁핍하지 아니하려니와 못 본 체하는 자에게는 저주가 크리라

28 악인이 일어나면 사람이 숨고 그가 멸망하면 의인이 많아지느니라

◈ 적용 및 기도 ◈

**오늘의 묵상**　　세상 사람들에게 일확천금은 일생의 소원이며 기회다. 사람들은 복권 당첨이나 주식 투자와 같은 방법으로 갑자기 큰돈을 벌 수 있기를 은근히 소망한다. 그러나 이 소망은 욕심이 되어 인간의 이성적 판단을 마비시키고, 언젠가 벼락부자가 될 수 있을 것 같은 착각에 사로잡히게 한다. 이런 착각 때문에 사람들은 투기의 세계로 빠져들게 되는데, 기독교인들 가운데도 아직 이런 생각을 버리지 못한 사람들이 많다. 그러나 하나님은 일확천금의 욕심을 싫어하신다(20절). 일확천금을 꿈꾸지만 오히려 돈 때문에 어려운 경우가 많아진다면 이는 하나님이 열심히 일하고 계신 증거다. 이런 사람은 돈의 어려움에서 벗어나게 해 달라는 기도를 멈추고 하나님만을 사랑하고 의존하게 해 달라고 기도해야 한다.

# 잠언 29:1-9

## 의인과 악인의 다른 삶

년    월    일

> **본문 요약 ㅣ** 책망을 받아들이지 않는 사람은 갑자기 패망하게 되며, 지혜 없는 아들은 아버지에게 손해를 끼친다. 자신의 야욕을 위해 백성에게 과도한 세금을 거두는 왕은 나라를 망하게 하지만, 지혜로운 왕은 정의로 나라를 견고하게 한다. 악인은 죄책감으로 평안함이 없지만, 의인은 죄책감에서 자유롭다. 거만한 자는 다툼을 일으키며, 미련한 자와의 논쟁은 끝이 나지 않는다.

1 자주 책망을 받으면서도 목이 곧은 사람은 갑자기 패망을 당하고 피하지 못하리라

2 의인이 많아지면 백성이 즐거워하고 악인이 권세를 잡으면 백성이 탄식하느니라

3 지혜를 사모하는 자는 아비를 즐겁게 하여도 창기와 사귀는 자는 재물을 잃느니라

4 왕은 정의로 나라를 견고하게 하나 뇌물을 억지로 내게 하는 자는 나라를 멸망시키느니라

5 이웃에게 아첨하는 것은 그의 발 앞에 그물을 치는 것이니라

6 악인이 범죄하는 것은 스스로 올무가 되게 하는 것이나 의인은 노래하고 기뻐하느니라

7 의인은 가난한 자의 사정을 알아주나 악인은 알아줄 지식이 없느니라

8 거만한 자는 성읍을 요란하게 하여도 슬기로운 자는 노를 그치게 하느니라

9 지혜로운 자와 미련한 자가 다투면 지혜로운 자가 노하든지 웃든지 그 다툼은 그침이 없느니라

---

◈ **적용 및 기도** ◈

---

**오늘의 묵상**　본문에서는 의인의 몇 가지 특성을 찾아볼 수 있다. 첫 번째로, 의인은 많은 사람들에게 유익과 기쁨을 가져온다. 의인은 자신을 위해 살지 않고 다른 사람들을 위해 자신을 희생하는 사람이다. 두 번째로, 의인은 죄책감과 불안감에서 자유로운 마음의 평안을 누린다. 의인은 자신의 모든 죄가 그리스도를 통해 하나님께 용서받았음을 확신하기 때문에 심판의 두려움에서 자유로울 수 있다. 세 번째로, 의인은 하나님의 사랑을 배운 자로서 다른 사람의 처지와 필요에 민감하게 반응한다 하나님의 사랑을 경험하지 못한 사람은 다른 사람을 사랑할 때도 자기중심적으로 사랑한다. 그러나 하나님의 사랑과 은혜를 경험한 사람은 이타적인 사랑으로 다른 사람을 불쌍히 여기고 그의 필요를 채워 줄 수 있다.

# 잠언 29:10-18 · 악인에 의한 의인의 죽음

년    월    일

> **본문 요약** ㅣ 악인은 의인을 핍박하고 죽이며, 어리석은 사람은 분노를 다스릴 수 없다. 지도자의 도덕적 수준은 공동체 전체의 도덕적 수준을 결정지으며, 가난한 자를 공의로 판단하는 왕권은 견고하다. 죄악이 늘어나면 심판이 다가온 것이며, 말씀을 지키지 않는 백성은 멸망당한다.

10 피 흘리기를 좋아하는 자는 온전한 자를 미워하고 정직한 자의 생명을 찾느니라

11 어리석은 자는 자기의 노를 다 드러내어도 지혜로운 자는 그것을 억제하느니라

12 관원이 거짓말을 들으면 그의 하인들은 다 악하게 되느니라

13 가난한 자와 포학한 자가 섞여 살거니와 여호와께서는 그 모두의 눈에 빛을 주시느니라

14 왕이 가난한 자를 성실히 신원하면 그의 왕위가 영원히 견고하리라

15 채찍과 꾸지람이 지혜를 주거늘 임의로 행하게 버려둔 자식은 어미를 욕되게 하느니라

16 악인이 많아지면 죄도 많아지나니 의인은 그들의 망함을 보리라

17 네 자식을 징계하라 그리하면 그가 너를 평안하게 하겠고 또 네 마음에 기쁨을 주리라

18 묵시가 없으면 백성이 방자히 행하거니와 율법을 지키는 자는 복이 있느니라

---

◈ 적용 및 기도 ◈

---

**오늘의 묵상**   하나님은 가인이 아벨을 죽이기 전부터 그의 분노와 미움을 알고 계셨지만 가인이 아벨을 죽이는 것을 막지 않으셨다. 또한 스데반이 폭도들에게 죽임당하기 전에 하나님은 성령으로 스데반의 눈을 열어 하나님의 영광과 예수님을 직접 보게 하셨지만 스데반을 보호해 주시지는 않았다. 왜 하나님은 악인들의 손에 의인들이 핍박받고 죽임당하는 것을 허용하시는 것일까? 첫 번째 이유는, 의인이 흘린 피가 악인을 심판할 근거가 되기 때문이다(마 23:35). 두 번째 이유는, 무죄한 예수님의 죽음은 모든 의인들의 죽음의 모델이 되기 때문이다. 세 번째 이유는, 하나님은 죽음을 통해서도 섭리적 목적을 이루시기 때문이다. 의인의 죽음은 한 알의 밀이 땅에 떨어져 죽음으로 많은 열매를 맺는 것이며(요 12:24), 하나님의 뜻을 성취하는 것이다.

# 잠언 29:19-27    하나님만을 경외하는 삶    년 월 일

**본문 요약 |** 자발적이지 않은 사람은 가르치기 어려우며, 생각 없이 말을 조급히 하는 사람은 미련하여 희망이 없다. 사람은 각 대상에게 적절한 대우를 하는 지혜가 필요하며, 사람이 아닌 하나님만을 경외하고 의지할 때 안전하다. 공의는 오직 하나님께로부터 나온다. 불의한 자와 의인은 서로 대적하게 된다.

19 종은 말로만 하면 고치지 아니하나니 이는 그가 알고도 따르지 아니함이니라

20 네가 말이 조급한 사람을 보느냐 그보다 미련한 자에게 오히려 희망이 있느니라

21 종을 어렸을 때부터 곱게 양육하면 그가 나중에는 자식인 체하리라

22 노하는 자는 다툼을 일으키고 성내는 자는 범죄함이 많으니라

23 사람이 교만하면 낮아지게 되겠고 마음이 겸손하면 영예를 얻으리라

24 도둑과 짝하는 자는 자기의 영혼을 미워하는 자라 그는 저주를 들어도 진술하지 아니하느니라

25 사람을 두려워하면 올무에 걸리게 되거니와 여호와를 의지하는 자는 안전하리라

26 주권자에게 은혜를 구하는 자가 많으나 사람의 일의 작정은 여호와께로 말미암느니라

27 불의한 자는 의인에게 미움을 받고 바르게 행하는 자는 악인에게 미움을 받느니라

---

◈ 적용 및 기도 ◈

---

**오늘의 묵상**  힘을 추구하는 인간의 본성은 죄악 때문에 하나님의 복을 상실한 결과이다. 인간은 타락한 후에, 힘을 소유하면 잠깐이나마 하나님과 같이 행세할 수 있음을 알게 되었다. 사람들이 돈을 많이 벌고, 좋은 학교에 들어가고, 멋진 외모를 갖기 위해 자신의 모든 에너지를 쏟아붓는 것은 바로 힘을 소유하여 하나님같이 되고자 하는 처절한 몸부림이다. 그러나 인간의 탐욕은 끝이 없기 때문에 자신이 원하는 만큼의 충만한 힘을 소유하는 것은 불가능하다. 또한 아무리 많은 힘을 소유하고 있더라도 인간에게는 죽음과 같이 근본적으로 해결할 수 없는 문제들이 존재한다. 하나님을 경외한다는 것은 하나님의 힘과 능력을 인정하고 믿는 것이다. 하나님을 경외하는 자만이 탐욕과 두려움에서 자유함을 얻을 수 있다. 하나님을 경외하는 것은 힘을 추구하는 끝없는 죄악에서 자유함을 얻는 길이다.

# 잠언 30:1-10

## 아굴의 잠언

> **본문 요약** | 본 장은 야게의 아들인 아굴의 잠언으로, 영적 지혜를 가진 사람은 겸손해야 함을 가르치고 있다. 왜냐하면 하나님이 말씀으로 계시하시지 않으면 인간은 하나님을 알 수 없기 때문이다. 아굴은 죄를 짓지 않기 위해서 하나님께 정직과 오직 필요한 양식의 공급만을 간구하고 있다.

1 이 말씀은 야게의 아들 아굴의 잠언이니 그가 이디엘 곧 이디엘과 우갈에게 이른 것이니라 2 나는 다른 사람에게 비하면 짐승이라 내게는 사람의 총명이 있지 아니하니라 3 나는 지혜를 배우지 못하였고 또 거룩하신 자를 아는 지식이 없거니와 4 하늘에 올라갔다가 내려온 자가 누구인지 바람을 그 장중에 모은 자가 누구인지 물을 옷에 싼 자가 누구인지 땅의 모든 끝을 정한 자가 누구인지 그의 이름이 무엇인지 그의 아들의 이름이 무엇인지 너는 아느냐 5 하나님의 말씀은 다 순전하며 하나님은 그를 의지하는 자의 방패시니라 6 너는 그의 말씀에 더하지 말라 그가 너를 책망하시겠고 너는 거짓말하는 자가 될까 두려우니라 7 내가 두가지 일을 주께 구하였사오니 내가 죽기 전에 내게 거절하지 마시옵소서 8 곧 헛된 것과 거짓말을 내게서 멀리하옵시며 나를 가난하게도 마옵시고 부하게도 마옵시고 오직 필요한 양식으로 나를 먹이시옵소서 9 혹 내가 배불러서 하나님을 모른다 여호와가 누구냐 할까 하오며 혹 내가 가난하여 도둑질하고 내 하나님의 이름을 욕되게 할까 두려워함이니이다 10 너는 종을 그의 상전에게 비방하지 말라 그가 너를 저주하겠고 너는 죄책을 당할까 두려우니라

---

◈ 적용 및 기도 ◈

---

**오늘의 묵상**    지혜자인 아굴은 '나를 가난하게도 마옵시고 부하게도 마옵시고 오직 필요한 양식으로 나를 먹이시옵소서'(8절)라고 기도했다. 혹시 이런 기도를 진심으로 따라했다가 정말로 필요한 양식만 얻게 될까 봐 두렵지는 않은가? 행복은 소유의 문제가 아니라 존재의 문제이며 관계의 문제이기 때문에 돈과 같은 물질은 인간의 존재를 더 가치 있고 풍성하게 만들어 줄 수 없다. 인간은 본래 하나님의 형상대로 만들어졌다(창 1:27). 하나님과 바른 관계를 맺어 하나님의 모습을 회복할 때만이 인간은 행복해진다. 하지만 돈은 하나님과의 바른 관계를 파괴한다(마 6:24). 하나님이 우리가 부자가 되게 해 달라는 기도나 소원에 응답하시지 않는 이유는 그것이 하나님과의 관계를 파괴해서 오히려 행복을 빼앗아 가기 때문이다.

# 잠언 30:11-20　　채울 수 없는 인간의 탐욕　　년　월　일

**본문 요약 ㅣ** 하나님의 지혜를 버린 악한 세대는 부모를 공경하지 않고, 자신의 더러움을 인정하지 않으며, 교만하고 약자를 억압한다. 인간의 탐욕은 어떤 것으로도 채울 수 없다. 부모를 멸시하는 자는 저주를 받게 된다. 음녀의 악행은 너무 교묘해서 쉽게 찾아낼 수 없다.

11 아비를 저주하며 어미를 축복하지 아니하는 무리가 있느니라

12 스스로 깨끗한 자로 여기면서도 자기의 더러운 것을 씻지 아니하는 무리가 있느니라

13 눈이 심히 높으며 눈꺼풀이 높이 들린 무리가 있느니라

14 앞니는 장검 같고 어금니는 군도 같아서 가난한 자를 땅에서 삼키며 궁핍한 자를 사람 중에서 삼키는 무리가 있느니라

15 거머리에게는 두 딸이 있어 다오 다오 하느니라 족한 줄을 알지 못하여 족하다 하지 아니하는 것 서넛이 있나니

16 곧 스올과 아이 배지 못하는 태와 물로 채울 수 없는 땅과 족하다 하지 아니하는 불이니라

17 아비를 조롱하며 어미 순종하기를 싫어하는 자의 눈은 골짜기의 까마귀에게 쪼이고 독수리 새끼에게 먹히리라

18 내가 심히 기이히 여기고도 깨닫지 못하는 것 서넛이 있나니

19 곧 공중에 날아다니는 독수리의 자취와 반석 위로 기어 다니는 뱀의 자취와 바다로 지나다니는 배의 자취와 남자가 여자와 함께한 자취며

20 음녀의 자취도 그러하니라 그가 먹고 그의 입을 씻음같이 말하기를 내가 악을 행하지 아니하였다 하느니라

◈ 적용 및 기도 ◈

**오늘의 묵상**　인간의 욕심은 스올과 같고 물로 채울 수 없는 메마른 땅과 같다. 세상에 존재하는 것으로는 무한하신 하나님이 빠진 인간의 영적 공허를 채울 길이 없기 때문이다. 인간은 처음부터 하나님으로만 만족하도록 지어졌다. 그러나 인간은 죄를 지음으로 이 풍성한 생명으로부터 끊어져 버렸으며, 그때부터 인간의 영혼은 끝없는 목마름에 시달리게 되었다. 사람들은 이 영적 목마름의 근원이 무엇인지 모르기 때문에 힘과 사랑과 쾌락을 추구한다. 하지만 아무리 큰 힘을 가지거나 아무리 멋진 사랑의 대상을 만나도 우리의 목마름은 해결될 수 없다. 하나님의 백성에게 다시 회복된 영적 생명이 바로 성령이다 (요 7:38-39). 성령 충만은 하나님의 영적 생명이 풍성하게 부어져서 더 이상 내적 목마름에 시달리지 않게 되는 것이다.

# 잠언 30:21-33　연약한 생물들에게서도 배울 수 있는 지혜

**본문 요약 ㅣ** 본문은 자격이 되지 않는 자가 권세를 잡으면 큰 소동이 일어난다는 것과 약한 생물들을 보고도 지혜를 배워야 한다는 것을 교훈하고 있다. 왕은 큰 위엄과 권세를 가졌기 때문에, 왕 앞에 설 때는 높은 체하거나 악한 일을 도모하지 않아야 진노를 피할 수 있다.

21　세상을 진동시키며 세상이 견딜 수 없게 하는 것 서넛이 있나니

22　곧 종이 임금 된 것과 미련한 자가 음식으로 배부른 것과

23　미움 받는 여자가 시집간 것과 여종이 주모를 이은 것이니라

24　땅에 작고도 가장 지혜로운 것 넷이 있나니

25　곧 힘이 없는 종류로되 먹을 것을 여름에 준비하는 개미와

26　약한 종류로되 집을 바위 사이에 짓는 사반과

27　임금이 없으되 다 떼를 지어 나아가는 메뚜기와

28　손에 잡힐 만하여도 왕궁에 있는 도마뱀이니라

29　잘 걸으며 위풍 있게 다니는 것 서넛이 있나니

30　곧 짐승 중에 가장 강하여 아무 짐승 앞에서도 물러가지 아니하는 사자와

31　사냥개와 숫염소와 및 당할 수 없는 왕이니라

32　만일 네가 미련하여 스스로 높은 체하였거나 혹 악한 일을 도모하였거든 네 손으로 입을 막으라

33　대저 젖을 저으면 엉긴 젖이 되고 코를 비틀면 피가 나는 것같이 노를 격동하면 다툼이 남이니라

◈ 적용 및 기도 ◈

**오늘의 묵상**　본문은 지혜를 교훈하기 위해 작지만 지혜로운 생물들을 언급하고 있다. 첫째, 개미에게서 인간들이 배워야 할 지혜는 미래를 위해 현재를 부지런하게 사는 점이다. 성도가 이 땅에서 영적으로 성장하기 위해서는 현재적 안락함과 편리함을 포기하고 영원한 나라를 위해 절제하고 훈련해야 한다. 둘째, 사반(바위너구리)에게서 배워야 할 지혜는 반석 되신 하나님을 피난처로 삼아야 한다는 것이다. 하나님의 전능하심을 믿고 하나님을 의지하는 자는 어떤 위기 속에서도 안전하다. 셋째, 메뚜기를 통한 교훈은 공동체의 연합을 위해 애쓰라는 것이다. 성도는 자기의 권리와 욕심을 포기하고 공동체의 하나 됨을 위해 애써야 한다. 넷째, 도마뱀에게서 배워야 할 지혜는 위협과 멸망이 다가오는 것을 발견하면 지혜롭게 피해야 한다는 것이다. 지혜를 가진 자들은 인간이 반드시 하나님 앞에서 그 행위대로 심판을 받게 될 것이라는 사실을 알기 때문에 이 땅에서 살아갈 때 주의하게 된다.

# 잠언 31:1-9　르무엘 왕의 어머니의 훈계　년　월　일

> **본문 요약 |** 본문은 르무엘 왕의 어머니가 아들에게 가르친 잠언이다. 여자들에게 힘을 쓰는 왕은 망하게 되며, 왕은 자신의 쾌락을 위해 술을 마시지 말아야 함을 가르치고 있다. 진정한 왕의 역할은 백성을 공의로 다스리는 일이다.

1 르무엘 왕이 말씀한 바 곧 그의 어머니가 그를 훈계한 잠언이라

2 내 아들아 내가 무엇을 말하랴 내 태에서 난 아들아 내가 무엇을 말하랴 서원대로 얻은 아들아 내가 무엇을 말하랴

3 네 힘을 여자들에게 쓰지 말며 왕들을 멸망시키는 일을 행하지 말지어다

4 르무엘아 포도주를 마시는 것이 왕들에게 마땅하지 아니하고 왕들에게 마땅하지 아니하며 독주를 찾는 것이 주권자들에게 마땅하지 않도다

5 술을 마시다가 법을 잊어버리고 모든 곤고한 자들의 송사를 굽게 할까 두려우니라

6 독주는 죽게 된 자에게, 포도주는 마음에 근심하는 자에게 줄지어다

7 그는 마시고 자기의 빈궁한 것을 잊어버리겠고 다시 자기의 고통을 기억하지 아니하리라

8 너는 말 못하는 자와 모든 고독한 자의 송사를 위하여 입을 열지니라

9 너는 입을 열어 공의로 재판하여 곤고한 자와 궁핍한 자를 신원할지니라

---

◈ **적용 및 기도** ◈

---

**오늘의 묵상**　르무엘 왕에게 그의 어머니가 준 훈계는 영적 리더에 대한 훈계로 다음과 같이 적용할 수 있다. 첫째, 리더는 개인적 쾌락을 절제하는 훈련을 해야 한다. 힘있는 리더가 된 이후에는 절제하는 것이 더욱 어려우므로 미리 절제를 훈련해야 한다. 둘째, 리더는 지위와 사명에 합당한 행동만을 해야 한다. 술이 왕에게 적합하지 않은 것(4절)처럼 리더에게는 그 지위와 사명에 합당한 행동이 존재한다. 셋째, 리더는 연약하고 불쌍한 자들을 섬겨야 할 책임이 있다. 모든 영적 리더에게는 사람들을 섬겨야 하는 책임이 존재한다. 예수님은 스스로 낮아지시고 자신을 희생하심으로 섬김의 리더십을 보여주셨다. 따라서 힘있는 사람들에게만 관심을 기울이는 리더는 예수님의 모습을 따르지 않는 세속적인 리더에 불과하다.

# 잠언 31:10-20

## 현숙한 여인 1

> **본문 요약** ㅣ 현숙한 여인은 값비싼 진주에 비길 수 없이 귀하다. 현숙한 여인은 가산을 잘 관리하고 남편에게 선을 베풀며 악을 행하지 않는다. 또한 부지런하게 일하며 곤고하고 궁핍한 자들을 긍휼히 여겨 그들을 돕는다. 이런 아내를 둔 남편은 아무 부족함이 없을 것이다.

10 누가 현숙한 여인을 찾아 얻겠느냐 그의 값은 진주보다 더하니라

11 그런 자의 남편의 마음은 그를 믿나니 산업이 핍절하지 아니하겠으며

12 그런 자는 살아있는 동안에 그의 남편에게 선을 행하고 악을 행하지 아니하느니라

13 그는 양털과 삼을 구하여 부지런히 손으로 일하며

14 상인의 배와 같아서 먼 데서 양식을 가져오며

15 밤이 새기 전에 일어나서 자기 집안 사람들에게 음식을 나누어 주며 여종들에게 일을 정하여 맡기며

16 밭을 살펴보고 사며 자기의 손으로 번 것을 가지고 포도원을 일구며

17 힘 있게 허리를 묶으며 자기의 팔을 강하게 하며

18 자기의 장사가 잘되는 줄을 깨닫고 밤에 등불을 끄지 아니하며

19 손으로 솜뭉치를 들고 손가락으로 가락을 잡으며

20 그는 곤고한 자에게 손을 펴며 궁핍한 자를 위하여 손을 내밀며

---

◈ 적용 및 기도 ◈

---

**오늘의 묵상**    '현숙한 여인'은 이상적인 여인상이라기보다는 잠언 전체가 교훈하는 지혜를 인격화하여 묘사한 것이다. 따라서 본문은 하나님의 지혜와 동거하는 자는 마치 현숙한 여인과 결혼한 남편처럼 유익을 얻게 됨을 비유하는 것이다. 그 첫 번째 유익은, 지혜와 동거하는 자가 세상에서 가장 가치 있는 보물을 얻은 것과 같다는 것이다(10절). 잠언은 처음부터 끝까지 지혜가 돈이나 보물보다 귀하고 가치 있음을 가르친다(3:15). 두 번째로, 지혜와 동거하는 자는 부지런하여 풍성한 삶을 살게 된다(13절). 세 번째로, 지혜와 동거하는 자는 미래에 나타날 일들을 미리 대비할 수 있다(21절). 네 번째로, 지혜와 동거하는 자는 존귀하게 되어 공동체의 칭찬을 듣게 된다(23,31절).

# 잠언 31:21-31

## 현숙한 여인 2

**본문 요약 |** 현숙한 여인은 추위를 대비해 가족들을 위한 옷을 준비하며, 남편의 신분에 합당한 아름다운 옷으로 자신을 꾸민다. 또한 그녀는 능력과 존귀로 자신을 단장하고 사람들에게 지혜를 베풀며 인애의 법을 이야기한다. 그러므로 그 가족들은 그녀에게 감사하며 그녀를 칭찬한다. 여호와를 경외하여 지혜를 얻은 여인은 세상 어떤 여인보다 뛰어나다.

21 자기 집 사람들은 다 홍색 옷을 입었으므로 눈이 와도 그는 자기 집 사람들을 위하여 염려하지 아니하며

22 그는 자기를 위하여 아름다운 이불을 지으며 세마포와 자색 옷을 입으며

23 그의 남편은 그 땅의 장로들과 함께 성문에 앉으며 사람들의 인정을 받으며

24 그는 베로 옷을 지어 팔며 띠를 만들어 상인들에게 맡기며

25 능력과 존귀로 옷을 삼고 후일을 웃으며

26 입을 열어 지혜를 베풀며 그의 혀로 인애의 법을 말하며

27 자기의 집안일을 보살피고 게을리 얻은 양식을 먹지 아니하나니

28 그의 자식들은 일어나 감사하며 그의 남편은 칭찬하기를

29 덕행 있는 여자가 많으나 그대는 모든 여자보다 뛰어나다 하느니라

30 고운 것도 거짓되고 아름다운 것도 헛되나 오직 여호와를 경외하는 여자는 칭찬을 받을 것이라

31 그 손의 열매가 그에게로 돌아갈 것이요 그 행한 일로 말미암아 성문에서 칭찬을 받으리라

◈ 적용 및 기도 ◈

**오늘의 묵상** 본문에서 현숙한 여인을 경제적 유익을 가져오고 가정을 풍요롭게 하는 모습으로 묘사한 것은, 지혜를 얻는 것이 얼마나 좋은가를 감각적으로 형상화하여 보여주기 위함이다. 고대나 지금이나 사람들은 실제적인 유익이 보장되지 않으면 관심을 보이지 않는다. 잠언 기자는 지혜를 마치 멋진 아내를 얻는 것처럼 묘사함으로 특별히 지혜에 관심이 없던 젊은이들의 호기심을 유발하고자 한 것이다. 잠언은 처음부터 끝까지 하나님의 지혜와 세상의 미련함을 대조하고 있다. 하나님의 지혜를 얻은 자는 단순히 유익을 얻는 정도가 아니라 생명을 얻게 된다. 하나님의 백성이라면 지혜가 유익을 주기 때문에 추구하는 것이 아니라, 그것이 영적 생명을 얻는 길이기 때문에 최선을 다해 추구해야 한다.

MEMO

MEMO

MEMO

묵상 과 함께하는
따라쓰기 성경
잠언  개역개정

2020년 10월 20일  개정 1판 1쇄  발행

발 행 인  곽     성     종
발 행 처  (주)아 가 페 출 판 사
등록번호  제21-754호(1995. 4. 12)
주     소  서울시 서초구 효령로8길 5 (방배동)
전     화  (02)584-4669   아가페 출판사

# 필사&쓰기성경® 전용펜 장점

1. 잉크의 뭉침(볼펜 똥)이나 이물질이 없어 깨끗하게 쓸 수 있습니다.
2. 쓸수록 종이가 부풀어 오르는 것을 방지합니다.
3. 오랫동안 보관 시에도 종이가 서로 붙지 않습니다.
4. 물기로부터 글자가 훼손되는 것을 막아줍니다.

   * 예수님 말씀은 빨간색 펜을 사용하세요.

**일반용**

**중용량**

**중용량**

일반 필사&쓰기성경 전용펜 A5(검정/빨강)
**800원**
일반 필사&쓰기성경 전용펜 A5(검정/빨강)
(1박스/12개) **9,600원**

오피스펜 200 PLUS (검정)
(그레이/골드) **1,500원**
오피스펜 200 PLUS (검정)
(그레이/골드)(1박스/10개) **15,000원**

필사&쓰기 전용펜(고급)
(블랙/투명) **1,600원**
필사&쓰기 전용펜(고급)
(블랙/투명)(1박스/12개) **19,200원**

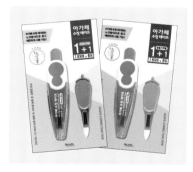

**대용량**

**대용량**

대용량 필사&쓰기성경 전용펜
**1,700원**
대용량 필사&쓰기성경 전용펜
(1박스/12개) **20,400원**

대용량 필사&쓰기성경전용 오피스펜 300
(그레이/골드) **1,800원**
대용량 필사&쓰기성경전용 오피스펜 300
(그레이/골드)(1박스/10개) **18,000원**

아가페 수정 테이프 (본품+리필)
(블루/핑크) **3,000원**

**＊ 가격은 변동될 수 있습니다.**

[주]아가페출판사

# 온마음 쓰기성경®

장, 절이 인쇄되어 있는 혁신적인 쓰기성경!

▼분책형(낱권)　　▼분책형(세트)　　▼바인더형　　〈실제 본문 사진〉

실속형 ▶

1. **신·구약 성경을 자유롭게 선택, 이동**하며 쓸 수 있는 **장점**이 있습니다.
2. **언제든지 자유롭게 다시 시작**할 수 있어서 **연속성**이 있습니다.
3. 가능한 만큼만 쓰시다 보면 어느새 말씀들로 채워집니다.

| 4권 분책형 | · 세트(구약+신약)<br>정가 80,000원 ▶ 75,000원 |
| --- | --- |
| | · 낱권(구약 1~3권, 신약 1권)<br>각 정가 20,000원 |
| 바인더형 | 프리미엄 온마음 쓰기성경<br>정가 82,000원 |
| 실속형 | 구약 ㅣ 정가 42,000원<br>신약 ㅣ 정가 19,000원 |

---

# 밑글씨 매일 쓰기성경®

*Daily Writing Bible*

구약·신약전서

〈실제 본문 사진〉

1. 밑글씨가 있어 성경책 대조 없이 필사 가능합니다.
2. 본문이 밑글씨로 인쇄되어, 필사 시간이 획기적으로 **단축**됩니다.
3. 필사 시 오자, 탈자의 염려가 없습니다.
4. 적색으로 인쇄된 예수님 말씀은 빨간색 펜으로 쓸 수 있습니다.
5. 잘 펴지는 제본으로 편리하게 쓸 수 있습니다.

## 세트 정가 (구약+신약)

~~96,000원~~ ▶ **90,000원**

구약 1~3권, 신약 1권 : 각 정가 24,000원
(*낱권 구매도 가능합니다.)

# 본문이 있는 채움 쓰기성경®

## 매일 말씀을 필사하며 채움의 기쁨을 누리세요!

**편집 저작물 등록**
★ ★ ★
저작권 등록이 되어 있는
편집저작물입니다.

성경 본문이 인쇄되어 있어요!

〈실제 본문 사진〉

| 세트 정가 (구약+신약) | |
|---|---|
| ~~100,000원~~ ➡ 95,000원 | |
| 낱권 정가 | 구약 ❶,❷,❸권 |
| | 신약 |
| 각 권 25,000원 | |

1. 성경 본문이 인쇄되어 있어 필사 시간이 획기적으로 단축됩니다.
2. 성경책을 휴대하지 않아도 언제 어디서든 필사가 가능합니다.
3. 잘 펴지는 제본으로 편리하게 쓸 수 있습니다.
4. 자신의 서체대로 자유롭게 쓸 수 있습니다.
5. 목회자 설교 노트용으로 사용할 수 있습니다.
6. 적색으로 인쇄된 예수님 말씀은 빨간색 펜으로 쓸 수 있습니다.

▲ 시편

▲ 잠언

▲ 요한복음

| 시 편 | 정가 12,000원 |
|---|---|
| 잠 언 | 정가 8,000원 |
| 요한복음 | 정가 8,500원 |

· 권별로 계속 출간 예정입니다 ·

## ※ 전국 기독교 서점에서 구매하실 수 있습니다.

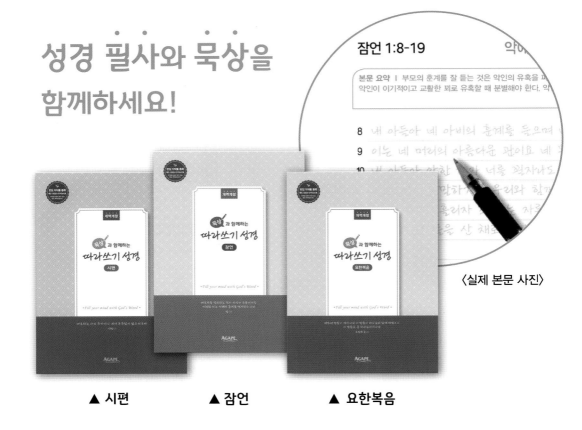

# 성경 필사와 묵상을 함께하세요!

〈실제 본문 사진〉

잠언 1:8-19

본문 요약 | 부모의 훈계를 잘 듣는 것은 악인의 유혹을
악인이 이기적이고 교활한 꾀로 유혹할 때 분별해야 한다. 악

8 내 아들아 네 아비의 훈계를 들으며
9 이는 네 머리의 아름다운 관이요 네
10

▲ 시편          ▲ 잠언          ▲ 요한복음

1. **말씀묵상과 필사를 동시**에 할 수 있습니다.
2. 날짜가 특정되지 않아 순차적으로 말씀묵상과 필사가 가능합니다.
3. 밑글씨가 있어 **성경책 대조 없이** 필사 가능합니다.
4. 본문이 밑글씨로 인쇄되어, **필사 시간**이 획기적으로 **단축**됩니다.
5. 필사 시, 오자 탈자의 염려가 없습니다.

**시편** 정가 12,000원    **잠언** 정가 8,000원    **요한복음** 정가 8,500원

\* 권별로 계속 출간 예정입니다.